이상식, 나의 삶 나의 생각
멈추지 않는
도전

멈추지 않는 도전
2023년 12월 29일 초판 발행

지은이 이상식
펴낸이 이재욱
펴낸곳 해드림출판사
주 소 서울 영등포구 경인로82길 3-4(문래동1가 39) 센터플러스빌딩 1004호(07371)
전 화 02-2612-5552
팩 스 02-2688-5568
이메일 jlee5059@hanmail.net
등록번호 제2013-000076
등록일자 2008년 9월 29일

값 16,000 원
ISBN 979-11-5634-570-1 03340

* 잘못된 책은 바꿔 드립니다.
* 지은이와 협의에 의해 인지는 생략합니다.

이상식, 나의 삶 나의 생각
멈추지 않는 도전

이상식 지음

해드림출판사

|프|롤|로|그|

그날은 정확히 2016년 9월 17일이었다. 추석 연휴가 끝나고 출근한 월요일. 경찰 현안 협조를 위해 지역 국회의원 사무실을 방문하고 청사로 돌아오는 길이었다. 인사과장의 전화를 받을 때 느낌이 좋지 않았다.

"청장님, 죄송하지만… 이번 인사에서 경찰 그만두시게……."

전화기 너머 인사과장의 말이 또렷하진 않았으나, 분명했다. 나는 '그래 알았다'고 짧게 말했다.

인생의 중요한 고비마다 나는 짧게 반응하곤 했다. 아버지가 나보고 경찰대학 가라고 할 때도, 총리실 근무를 그만두고 대구에 내려갈 때도, 대형 로펌을 마다하고 현재 소속으로 옮길 때도, '예' 아니면 '알겠습니다'가 내 대답의 전부였다. 이미 정해졌거나 또는 그렇게 해야만 할 것이 정해진 일들에 대해 왈가왈부해 보았자 아무런 도움이 되질 않는다는 것을 나는 잘 알고 있었다. 곁가지에 매달리는 것은 내 스타일이 아니었다.

이미 힘든 일도 한번 겪었던 터였다. 그랬기에 크게 두려워할 것도, 거리낌도 없었다. 갑작스런 퇴직이라니. 예상치 못한 통보였지만 나는 적어도 외면적으로는 담담했다. 아니 담담하려고 노력했다.

식당 아주머니에게 라면 한 그릇을 부탁해 깨끗하게 비웠다. 오후 1시에 간부회의를 소집했다. '그간의 노고에 감사한다. 당분간 휴가를 내겠다. 후임자가 오기 전까지 치안 유지에 만전을 기해달라. 이제 나는 나를 알아주는 사람을 위해 살겠다.' 그리곤 사무실을 나왔다. 이제 내가 필요없다는데 얼른 나가줘야 하지 않겠느냐는 일종의 오기였다.

사무실을 나와 관사에 들러 중요 물품만 챙기고 나머지는 경주 어머니 집에 알아서 가져다 놓으라고 말했다. 내가 몰던 차가 부산을 떠난 시간은 오후 3시 인사발령 통보를 받은 후 정확히 4시간만이었다. 나중에 나는 친구들에게 이 사실을 상기시키면서 탄핵을 당하고도 관저에서 며칠간 꾸물댄 전직 대통령을 비난하곤 했다. 또다른 오기였다.

대구쯤 지날 때였다. 서병수 부산시장이 전화가 왔다. 청장님 언제 다시 부산에 오십니까? 나는 못되게 대답했다.

"부산요 다시 안 옵니다"

9월이라 아직 해가 길었다. 여주JC쯤에 도착하자 석양이 물들었다. 서울도 오랜만에 가는구나. 그 상황에서 희안하게 콧노래가 나왔다. 위기 때마다 나를 지켜준, 나의 낙천적이고 적극적인 성격이 만들어낸 자기방어

메카니즘이 작동하기 시작한 것이다.

달리는 차창 밖으로 지난날의 상념이 주마등처럼 스쳤다.

경찰대학을 나와 대한민국의 경찰로서 헌신해왔다. 젊은 날의 혈기와 욕망을 절제하며 성실하게 쌓아 올린 연륜을 인정받아 치안정감까지 올랐다. 최고위직 경찰총수를 목전에 둔 상태였다.

아쉬움이 없다면 거짓말이겠지만 기왕지사 이렇게 된 이상 나는 더 이상 미련을 두지 않기로 했다. 처음 들어올 때도 내가 좋아서 경찰에 들어온 것은 아니지 않았나. 그러니 원하지 않는 상태에서 그 직을 떠나도 무슨 큰 미련이 있겠는가?

경찰제복은 내 몸에 착 달라붙듯 어울렸지만 왠지 경찰이라는 직업이 내 몸에 맞지 않는 옷 같은 느낌이 들 때도 많았다. 내가 경찰관의 길로 들어선 건 순전히 가정형편 때문이었기 때문이다. 2남 2녀를 다 대학까지 보내기 위해서는 누군가는 양보를 해야 했고, 공부를 잘했기에 선택이 가능했던 내가 양보의 주체였던 까닭에 타의로 경찰에 입직한 것 뿐이었다.

그러나 그렇다고 경찰을 사랑하지 않거나 임무에 소홀했다는 것은 결코 아니다. 경찰에 대한 나의 사랑과 자부심은 후천적인 것이었지만 강렬한 것이었다. 더욱이 엘리트 출신으로 장래 총수후보로 주위의 기대를 한 몸에 받았던 만큼 나는 진실로 곤색의 경찰 제복을 사랑했다.

어쨌든 나와 경찰의 헤어짐 그리고 그렇게 끝난 내 인생 1막은 해피엔

딩은 분명 아니었다.

그날 나는 다짐했다. 열심히 살았고 원칙과 소신을 지켰는데도 하루 아침에 쫓겨나야 하는 이런 삶은 살지 않겠노라고. 장기판 위의 졸처럼 가라면 가고 그만두라면 그만두어야 하는 수동적인 삶이 아니라 장기판을 내 의지로 움직이는 삶을 살겠노라고. 그러면서 저녁노을을 아름답게 물들인 저 태양이 내일 아침 또 다시 떠오를 것임을 굳게 믿었다.

....

내 인생 2막은 생각보다 빨리 올랐다. 1막의 주 무대가 공직이었다면 2막은 정치다. 2017년 3월 나는 부산에서 문재인 당시 대통령 후보와 나란히 섰다. 그리고 파란색 종이학을 공중으로 던졌다. 종이학은 두둥실 날아올랐다. 그 순간 나는 내 인생 전반부를 보낸 공직생활을 지배했던 '책임과 명예'의 굴레에서 벗어나 종이학처럼 저 높은 하늘로 솟구쳐 날아오르고 싶은 강한 충동을 느꼈다.

정치를 시작하면서 살아온 인생을 뒤돌아 본다. 시골농부의 아들로 태어나 스스로 운명을 개척하며 살아왔다. 상당한 성취도 있었다. 그러나 안주하지 않고 항상 큰 꿈과 포부를 가지고 도전하며 살아왔다. 역경에 처해 비굴하지도 않으며 성공에도 오만하지 않으려 노력했다. 말과 행동에 책임지며 살아왔다. 내가 한 행동이 매양 정의로운 것은 아니었으나 인간이면 지켜야할 보편적인 가치와 원칙에 벗어나는 부끄러운 일은 하지 않았다고 자부한다.

　정치를 하는 사람은 살아온 과거에 자신이 있어야 한다. 위기와 선택을 포함한 삶의 매 순간에 어떠한 말과 행동을 했는지를 밝혀야 한다고 믿는다. 이제 나는 겸허한 마음으로 내 삶의 행적을 세상에 내놓으려 한다.

2023년 12월
용인 처인에서

프 롤 로 그   4
차   례   10

제1장 • 책임 : 리더는 책임지는 사람이다

- "책임지겠습니다!"   16
- 스쿨폴리스 사건 불거지다   20
- 경찰의 명예가 실추되고 조직에 누가 된다면   23
- 권력과의 불화, 책임에 가려진 악연의 그림자   26

제2장 • 성장 : 내 꿈이 자란 시절

- 가난했지만 화목한 가족   36
- 유년시절의 기억   38
- 단조로왔으나 충실했던 고교시절   41
- 경찰대학과 고시공부, 치열했던 단련의 시간   49
- 아버지 나의 아버지   55
- 내 고마운 여동생   62

제3장 • 명예 : 매화는 향기를 팔지 않는다

- 홍콩의 깊고 푸른 밤　68
- 매화는 향기를 팔지 않는다　74
- 대영제국의 심장에서　81
- 순풍에 돛을 달고　89
- Aim High! , 대구경찰청장　90
- 야구는 롯데 소주는 시원소주! 부산경찰청장　94
- 예고된 그러나 갑작스럽고 석연찮았던 결말　99

제4장 • 소신 : 내 몸에는 파란 피가 흐른다

- 타오르는 촛불, 역사와 시대에 대한 성찰　104
- 정치를 시작하다　106
- 총리실에서 국정을 경험하다　110
- 노무현, 김부겸을 따르고자 대구로!　114
- 홍준표와 맞붙은 21대 총선　118
- 대선에서 이재명후보를 위해 활약하다　124
- 뜻을 이루고자 용인으로　131
- 바닥을 치고 상승하는 운세　135

제5장 • 가치: 어떤 정치를 할 것인가?

- 인간의 생명과 존엄이 최고의 가치여야 한다.   **146**
    - 용산서 경찰관의 죽음...그리고 진짜 잘못한 사람들

- 정치는 약자를 향해야 한다   **152**

- 정치는 결국 먹고 사는 문제를 해결하는 것이다   **154**

- 포용과 통합의 정신이 필요하다.   **158**
    - 또다시 권력의 보복·탄압 악순환…'김대중 정신' 되새기며 성찰할 때

- 평화와 통일을 향한 자주·균형·실용 외교   **165**
    - 우려스러운 외교 안보 현실

- 정의롭고 자유로운 사회   **172**
    - 소통령 한동훈과 검찰공화국
    - 경찰은 어디로 가고 있는가

에필로그 180

부록 **언론 기고문 모음**

- 누구의 '국기문란'인가... 경찰인가, 윤석열 정부인가   186
- 기어코 '좌 검찰 우 경찰'... 윤석열 정부 속도전이 위험한 이유   191
- '재난대응 주무 장관' 이상민, 물난리 때는 뭘 했나?   196
- 경기남부청 수사를 주목하는 이유 : 경찰 중립의 시금석   200
- 이상민에게 어른거리는 우병우의 그림자   203
- 신임 국가수사본부장에게 경찰 명운이 달렸다   206
- 용인 반도체클러스터 성공 위해 생각해야 할 문제들   210
- 아동학대인가 교권추락인가?   213
- '법조 카르텔'에는 침묵하는 윤 대통령의 공정과 상식   217

1장 | 책임

리더는 책임지는 사람이다

"책임지겠습니다!"

"저는 책임이란 말을 무겁게 받아들입니다. 그러나 의원님께서 이렇게까지 추궁하시니 답변드리겠습니다. 예, 책임지겠습니다."

2015년 국정감사 때다. 경북에 지역구를 둔 현직 국회의원이 40대 여성을 성폭행했다고 경찰에 고소한 사건이 발단이었다. 통상 지방경찰청 국감은 큰 이슈가 없기에 조용히 지나가는 편이다. 그러나 이 사건이 세간의 관심을 끌면서 대구 경찰청 국감장에는 긴장감이 감돌았다.

현직 국회의원이 관련된 사건인 만큼 철저를 기해야 했다. 대구경찰청 성범죄수사팀은 대상자를 소환해 조사를 벌였고 호텔의 CCTV 녹화화면과 사람 간의 통화기록도 확보했다. 분석해본 결과, 성폭행이 아니라 자발적 의사에 의한 성관계임이 분명했다. 나는 국감 전날 수사팀장을 불렀다. 수사기록을 꼼꼼히 검토한 것은 말할 것도 없다. 내일 질의가 집중될 것인데 나는 팀장에게 직접 확인하고 싶었다.

"이 사건 혐의없음이 확실합니까?
"예 청장님 확실합니다"
"알겠소 나는 수사팀을 믿습니다"

야당 의원들은 다른 사안은 거들떠 보지도 않고 이 사건에 집중했다.

성폭행사건인 만큼 여성의원들이 특히 그랬다.

"경찰이 이 사건을 혐의없음으로 송치한게 사실입니까?."

"예 그렇습니다"

"피해여성이 성폭행당했다고 신고한 것이잖아요 허위신고라는 것입니까?"

"이런 사건에는 본인의 주관적 의사가 중요한데 피해 여성의 진술이 바뀌고 있습니다. 성관계를 한 것은 맞지만 자기가 적극적으로 저항하지 않았다는 취지로 번복하고 있습니다."

"증거가 있습니까?"

"이런 사건은 직접 증거는 없습니다. 그러나 정황상 강제성이 없었다는 것은 여러 가지로 뒷받침되고 있습니다."

"여당 의원이라고 봐주기 수사한 거 아닙니까?"

"그렇지 않습니다. 저희들은 증거로 판단할 뿐입니다"

"증거를 제시하세요!"

"성폭행이 아니라는 증거는 많습니다. 그러나 아직 사법절차가 진행 중인 사안이고 개인 프라이버시가 있으므로 공개할 수는 없는 점 양해 바랍니다."

자기들이 밀린다고 생각했던지 야당 중진 의원이 책임론을 들고 나왔다.

"청장, 증거니 뭐니 다 필요없어요. 사건을 인계받은 검찰에서도 다시 수사하고 있는 걸로 알고 있는데 만일 경찰과 다른 수사 결과가 나온다면 책임질 겁니까?"

순간 국장감은 쥐 죽은 듯 고요해졌고 시선은 나에게로 집중됐다.
"예 책임지겠습니다!"
내 한마디로 그날 국감은 끝이 났다.

국감장에 자리한 의원들이 적잖이 놀란 눈치다. 나 역시 놀랐다. 나 자신도 몰랐던 내 안의 뭔가를 발견한 느낌이었다. 기존의 나는 가면을 쓴 욕망이었다면 맨얼굴의 욕망과 내면에서 격렬하게 충돌한 다음 본연의 내가 누구인지를 들여다보게 된 것이다. 이것이 진짜 '나'라는 생각이 퍼뜩 들었다.

이날 국감이 끝난뒤 저녁자리에서 부하직원들이 물었다.
"청장님 오늘 국감 때 저희들 놀랐습니다 책임진다는 말을 국감장에서 한 지휘관은 없었던 것 같은데요."
나는 말했다.
"책임질 일이 있으면 아무리 발버둥쳐봐야 어차피 책임에서 벗어나기는 어렵소. 반면에 책임질 일 아니라면 화약을 지고 불구덩에 뛰어들더라도 별 일 없을 것이라 생각합니다. 내가 직접 기록을 읽어 보았고 담당 직원이 내게 확신을 줬는데 내가 뭘 두려워 회피합니까? 청장을 바라보는 6천명의 대구경찰관들 앞에서 당당해지고 싶었을 뿐입니다."

그동안 경찰대학 5기 선두주자라는 명예를 실추시키지 않으려 하루도 마음 편히 지낸 날이 없다. 시기와 질투가 따라다녔고, 별난 상사에게 심장이 찔리는 고통도 당했다. 때론 엄청난 폭군 스타일의 상사 밑에서도 견뎌야 했다. 그 속에서 당당하나 거만하지 않아야 했고, 겸손하나 소심하지 않도록 스스로 경계했다.

돌이켜보면 좋든 싫든 다양한 경험들이 내면을 키우는 힘이 되었다. 내게 닥친 일들을 회피하지 않고 적극적으로 대처하며 공감과 소통을 배웠다. 일종의 '나력(裸力)'으로 변화하는 자양분이 되었다고 확신한다. 몸으로 체득한 변화를 나력이라 하는데, 본연의 경쟁력이 된 셈이다. 이러한 내공이 때론 질책받는 부하직원의 방패막이 역할을 해줄 수 있었고, 상사에겐 당당함으로 신뢰가 쌓였다.

떳떳하게 살고자 노력하면서 '내'가 되었다. 국감장에서 모두가 지켜보는 가운데 나는 주눅 들지 않았다. 평소에 말하던 대로 '내'가 된 것이다.

국감장을 나설 때 민주당 강창일 의원이 다가와 속삭였다.
"이 청장, 자네가 보여준 태도는 정말 훌륭했네."
대구경찰청 동료들 사이에선 나중까지 경찰의 자존심을 세운 일화로 내 얘기가 전설처럼 회자되고 있다는 말도 들렸다.

스쿨폴리스 사건 불거지다

운명이란 참 묘한 것이다. 대구 국감장에서의 소신 발언으로 느꼈던 내 안의 '내'가 다시 호출되는 사건이 발생했다. 부산경찰청장으로 부임한지 얼마되지 않아 이른바 스쿨폴리스 사건, 학교전담경찰관과 여고생들의 성비위 사건이 터져 나온 것이다.

2005년에 학교폭력이 성행하자, 경찰에서는 중고등학교 몇 개씩을 묶어 경찰관 1명이 담당하도록 하는 스쿨폴리스(School Police Officer, SPO) 제도를 시행했다. 학내 문제에 경찰이 관여하는 것은 바람직하지 못한 것인데도 여론의 압력이 거세지자 경찰이 부득이 시행한 제도인데, 그 제도의 부작용이 나타났다. 사하경찰서와 연제경찰서에 근무하는 두 명의 학교전담경찰관이 상담역할을 맡은 2명의 여고생과 부적절한 관계를 맺은 것이다. 둘 다 순경이었다.

경찰서에서는 당연히 사표를 받고 사건을 종결했다. 순경들의 개인적인 일탈이므로 서장 책임하에 그에 상응한 조치를 한 것이다. 그리고 서장들은 청장에게 심려 끼치고 싶지 않아 청장에게 직접 보고하지 않은 것이다. 경찰서 감찰계에서는 지방청 감찰담당관실로 보고했는데 감찰에서 내게 보고하지 않은 게 잘못이었다면 잘못이었던 셈이다.

어찌 보면 몇천 명이나 되는 순경들의 일거수일투족이 청장에게 보고 대상이 될 건 아니다. 그러니 조용히 넘어갈 수도 있는 일이었다. 하지만 조직 내 스피커 역할을 하던 인물의 발설이 화근이었다. 전직 경찰 간부였던 이 자는 자신의 페이스북에 '경찰인권센터'라는 제목을 달고 장황한 고발 글을 올렸다.

"부산 사하경찰서와 연제경찰서에 근무하는 젊은 경찰관들이 여학생들과 부적절한 관계를 맺고 은밀하게 사표를 제출했다. … 성범죄를 묵살하고 은폐한 강신명 경찰청장과 이상식 부산경찰청장을 파면하고 형사 처벌해야 한다."

다분한 의도를 가지고 작성한 글임에도 사건 경위에 대한 설명이나 해명의 기회도 주어지지 않은 채 일파만파 퍼져 나갔다. 뒤늦게 청이 자체적으로 감찰에 나설 수밖에 없었는데, 이미 문제가 된 경찰관들의 사표는 수리된 뒤였다.

하지만 언론은 경찰서장 선에서 처리된 사안에 대해 의구심을 쏟아냈다. 윗선에 어째서 보고하지 않았는지를 문제 삼기 시작했다. 그러더니 경찰이 은폐한 것 아니냐는 의혹을 제기하며 호도하고 부풀려져 기사화되기에 이르렀다.

급기야는 뜬금없이 '청장의 임기 말에 돌출한 민감한 성범죄 사건을 파장이 두려워 단순 처리했다'라는 식의 얘기까지 들먹이며 진상규명 요구까지 이어졌다.

"학생들을 학교폭력으로부터 보호하라고 배치한 스쿨폴리스가 오히려 학생들을 성범죄의 희생자로 만들었다. 학부모들이 믿고 자식을 맡긴 경찰관의 인면수심(人面獸心)에 치를 떨지 않을 수 없다. 사직한 경찰관에게 여죄는 없는지 재조사해 형사 처벌하는 것은 물론, 퇴직금도 회수해야 한다."

당시 우리의 잘못은 시민들의 눈높이에 맞추지 못했다는 것이다. 그 정도 사안은 사표 수리로 충분히 책임 소재를 물었다고 판단했다. 그러나 국민의 시각은 달랐다. 사표 수리로 충분치 않고, 행위자 두 명에게 형사책임을 묻고, 지휘자들에게 지휘 책임을 물어야 한다는 여론이 들고 일어났다.

상황이 악화하자, 나도 조직을 보호하기 위해 어쩔 수 없이 관련자들을 수사하고 서장들을 대기 발령했다. 그리고 이 일로 언제든 책임질 각오를 했다. 직원들도 많이 미안해하고 있어서 오히려 내가 격려해 주었다.

아침부터 비난 기사를 대하면 하루 종일 기분이 좋지 않았다. 그럴 때마다 아랫배에 힘을 주고 클래식 음반의 볼륨을 있는 대로 키웠다. 차이코프스키의 왈츠곡 '예브게니 오네긴' 같은 활기찬 음악을 들으며 호흡을 가다듬었다. 그러고 나서 간부 회의에 참석하곤 하였다. 내가 중심을 잡아야 직원들도 흔들리지 않을 것 같아 평정심을 찾으려 애썼다.

경찰의 명예가 실추되고 조직에 누가 된다면

시간이 지나면서 좀 잠잠해지나 싶던 스쿨폴리스 사건은 또다시 점화되기 시작했다.

2차 발화점은 종교인들과의 간담회에서 나온 발언이 꼬투리가 되었다.

어느 날 지역 사찰에 계신 스님이 우리 청을 방문했다. 화기애애한 분위기에서 간담회가 열렸고 기자들도 배석한 가운데 대담하는 자리도 가졌다. 이때 아무래도 우리 청이 여론의 뭇매를 맞고 있던 터라 스님이 내게 근황을 물었다.

"최근 불거진 학교전담경찰관 성비위 사건으로 힘드실 것 같은데, 어떻게 지내십니까?"

나는 스스럼없이 답했다.

"친구들에게 전화가 옵니다. 안부를 묻는 건데, '밥은 먹고 다니냐'며 걱정해줍니다. 그러면 나는 친구들 안심시키느라고 '무슨 일 있다고 밥까지 안먹겠냐? 밥은 먹고 다니니 크게 걱정하지 말라'라고 말하곤 합니다."

"……."

이때의 발언을 기자가 헤드라인에 올리며 잦아드는 불에 다시 기름을 부었다. 내가 한 말을 왜곡해 이렇게 기사화되었다.

'이상식 부산경찰청장, 경찰관 성관계 사건 "큰일 아니다" 말해'란 제목으로 내걸렸다. 그 이하 내용에는 "입이 열 개라도 할 말이 없다"라고 사과했던 이 청장이 이 사안을 대수롭지 않게 여기는 듯한 뉘앙스를 풍긴 듯한 발언을 했다면서, "사과와 반성에 진정성이 있는지 의심된다"라는 식의 비판이 덧입혀졌다.

내 발언을 꼬투리 삼아 사건은 더 여론의 주목을 받았고, 그로 인해 나를 비롯한 부산경찰청 전체가 코너에 몰린 채 옴짝달싹하지 못했다. 완전히 독 안에 든 쥐 신세가 되고 말았다.

나는 도저히 간과할 수 없었다. 계속 타깃이 되어 부풀려지는 기사를 두고만 볼 수 없었다. 계속 비난 기사를 퍼 올리는 언론사를 찾아갔다. 그리고 내 의중에서 벗어난 기사에 대해 하나하나 적극적인 해명을 자처했다. 그러자 충분히 이해했고 이를 반영하겠다는 답변이 돌아왔고 마무리가 되는 줄 알았다.

그러나 거기서도 끝이 아니었다. 이제는 '이상식 부산경찰청장이 직접 언론사에 연락해 기사를 내리라고 전방위적으로 압박했다'라는 식의 보도가 다시 올라왔다. 여기에 대해서도 또다시 언론에 해명하지 않을 수 없었.

"언론사에 찾아가 적극적으로 해명을 한 건 사실이다. 그러나 외압은 어불성설이다. 해명을 통해 서로 이해로써 왜곡된 사실을 바로잡은 것이다. 그건 외압이 아니지 않는가."

그러나 기사는 꼬리에 꼬리를 물고 이어졌다.

"언론을 통제해 사실을 은폐하려는 행위는 방송법, 형법에 의거한 범죄에 해당한다. 이런 태도가 계속된다면 특조단의 감찰 역시도 제 식구 감싸기에 그칠 것이라는 의혹을 버릴 수 없을 것이다."

여론은 점점 악화되어 걷잡을 수 없는 지경이 되어버렸다.

가만히 앉아만 있을 수가 없어서 부산시교육청을 찾아가 공식적으로 사과했다.

"부산시민들과 학부모들에게 심려를 끼쳐드린 점 너무 죄송스럽게 생각한다. 부산지역 학교폭력도 많이 감소한 성과가 있지만, 이번 사건에 대해서 다시 한번 자식을 가진 부모로서 배신감이 있었을 것으로 생각된다. 매우 송구스럽다. 이 제도가 생긴 배경이 있고 4~5년 유지되어온 제도인데, 개선방안을 논의해야 한다고 본다."

"과도하게 몰매를 맞고 계신 것 같아 저희들도 안타깝게 생각합니다. 잘 협의해서 적극적인 개선방안을 찾아내어 학교를 안전하게 만들어가도록 하겠습니다."

김석준 당시 교육감도 십분 공감하며 위로의 말을 건넸고 협조하기로 약속도 했다.

그 이후에 나는 다시 매스컴에 나가서 책임자로서 공식 사과를 정중하게 올렸다. 그런데도 소용없었다. 사건이 공론화되기 전, 보고도 받지 못했을 뿐 아니라 언론에서 문제 삼았던 은폐 의혹도 경찰 특별조사단에서 조사했고 결과를 투명하게 공개했는데도 여론은 꿈쩍도 하지 않았다.

일이 이렇게 되자 나는 강신명 경찰청장에게 전화를 했다.

"청장님 저는 책임을 가장 중요하게 생각하면 살아온 사람입니다. 그런데 이렇게 경찰의 명예가 실추되고 조직의 누가 되고 있어 괴롭기 그지 없습니다. 저는 조직과 국가에 누가 된다면 스스럼 없이 책임질 각오입니다"

강신명 청장은 오히려 나를 격려해 주었다.

"이 사람아 무슨 소리인가? 어떤 어려움이 있더라도 굳건히 버텨야지. 나는 이 청장에게 책임을 물을 생각이 없다."

그러나 그럼에도 불구하고 2달 정도 뒤에 단행된 경찰고위직 인사에서 나는 내 의사에 반해 경찰대학 포함 31년 6개월간 지켜온 명예와 책임의 자리에서 물러났다.

권력과의 불화, 책임에 가려진 악연의 그림자

외형적으로는 스쿨폴리스 사건에 책임지는 모양새가 되었지만 나는 그것이 내가 퇴직당한 이유의 전부는 아니라고 생각한다. 부산경찰청장은 그만두게 하더라도 얼마든지 다른 자리로 전보시켜 경찰직을 유지하게 할 수 있기 때문이다. 2013년에도 경기경찰청장이 조선족 오원춘이 한 여성을 무참하게 살해하는 과정에서 보여준 경찰의 어이없는 대응에 책임지고 물러났을 때 경찰대학장으로 전보된 사례가 있었다. 또 6명의 치안정감 중 한명이 경찰청장이 되고 나면 나머지 치안정감 5명은 나이, 기수, 치안정감 임명 시기 등을 고려해 차례로 퇴직시키는 게 경찰의 관행이었다. 나는 어느 기준에 보아서도 내가 가장 마지막에 퇴직해야 할 순번이었다. 그러나 나는 마치 아스팔트 바닥에 내패대기쳐지는 개구리처럼 가장 일찍 쫓겨난 것이다.

나는 당대 권력과의 불화가 그 뒷배경이라고 생각한다.

이야기는 2013년으로 거슬러 올라간다. 박근혜 정부가 출범하고 정권의 실세로 떠오른 우병우의 그림자가 그 배경에 드리워져 있다.

그는 영월지청장 출신이고 나는 영월경찰서장을 했다. 근무시기가 겹치지 않았기 때문에 내가 처음 그와 통성명을 나눈 건 본청에서 정보심의관을 하던 2012년 초겨울쯤으로 기억된다. 그는 이미 검찰을 떠나 변호사로 있었다. 영월에서 올라온 유지 한분이 주선하는 자리에서 딱 한번 마주쳤는데 데면데면하게 통성명하고 헤어졌다.

그런데 내가 치안감으로 승진해 정보국장으로 발령된 지 얼마 후에 그의 전화를 받았다. 그가 청와대 민정비서관으로 발탁되었다는 소식을 전해 들은 직후다.

"청와대 민정비서관 우병웁니다"

"비서관님, 안녕하십니까?"

용건이 뭔지는 모르나 먼저 전화한 상대에게 예의를 갖춰 인사했다. 그런데 그의 태도가 안하무인이다. 예상 밖이라서 적잖이 당황스러웠다. 처음부터 목소리를 내리깔고 한다는 첫마디가 이랬다.

"제가 청와대에 입성하면 제일 먼저 반가워하면서 전화해 주실 분인 줄 알았는데, 섭섭합니다."

"죄송합니다. 제가 불민한 탓에 인사가 늦었습니다."

보통의 경우라면 이런 대답을 들었다면 '그냥 한번 해본 소리'라거나 '괜한 신경 쓰지 말라'라거나 하는 게 상식이다. 그러나 그렇지 않았다.

"내가 국장님하고 이런 얘기 하려고 전화한 게 아니고요. 오늘은 업무 지시를 하려고 전화했습니다."

'업무 지시'라는 말에 살짝 기분이 나빠졌으나 표시낼 일은 아니다.

"무슨 일이십니까?"

"경찰청 정보관들이 검찰청사를 들락거리면서 정보활동을 하고, 부장검사들이 사건을 브리핑하는데 뒤에 서서 기자도 아니면서 뭘 받아 쓰고, 왜 이렇게 하는 겁니까? 이거 내일부터 당장 중지시키시오."

"......."

다분히 명령조다.

무소불위의 권력을 가진 검찰에 대한 견제장치는 거의 전무했다. 그나마 경찰의 정보기능만이 검찰의 비리 등을 입수해서 보고하는 것이 검찰 입장에서는 신경이 쓰일 수 있을 것이었다. 또 지금은 법무부 인사정보관리단으로 가버린 인사검증 업무를 그때는 정보 경찰과 국정원이 분담해서 수행하고 있었다. 검찰로서는 의식하지 않을 수 없었을 것이다.

정보경찰은 검찰과 국회, 언론 같은 힘있는 기관을 상대해야 한다. 그만큼 우리도 준비되어 있어야 한다는 것이리라. 그래서 나는 정보경찰의 자질향상과 직업윤리에 많은 관심을 기울였다. 정보경찰 윤리강령을 만들어 강조한 것도 그동안 문제시 되온 정경유착의 고리를 끊기 위한 노력의 일환이었다.

그것만으로는 부족하고 상징적인 조치가 필요했다. 나는 국회출입 정보관들을 주목했다. 그들은 그야말로 뜨거운 감자였다. 그들은 국회의원들을 상대하기 때문에 의원들과 개인적으로 상당한 인간관계를 형성하고 있었다. 그렇다보니 고질적인 유착이 심화한 상태였다. 그 때문에 그 고리를 끊어야만 했다.

국회의원들과 직접적인 관계를 형성하고 있기 때문에 그만큼 조치를 단행한다는 것 자체가 위험천만한 일이었다. 정보관 1명을 인사조치하려다 국장의 지위가 위태로울 수도 있어 누구도 섣불리 나서지 않는 일이다. 그런 고민 끝에 내린 결론은 정보관 전원을 교체하는 것이었다. 당시로선 이제까지 없던 일로 대담한 개혁 의지를 드러낸 조치였다. 솔직히 그 상황에서 내 의지가 아니었다면 실행 불가능한 일이었다.

이처럼 정보활동의 투명성과 합법성에 주의하던 터에 그의 전화를 받은 것이었다. 나는 검사 출신 민정비서관의 검찰지상주의적 사고방식에서 나온 것이라 생각되는 그의 지시에 수긍할 수 없었다.

만약 우비서관이 나에게 "국장님, 요즘 경찰의 정보활동이 너무 무분별하게 이루어져 시민들의 프라이버시를 침해한다는 우려가 높습니다. 무슨 조치를 취해야 하지 않겠습니까" 이렇게 말했다면 군말없이 따랐을 것이다. 그러나 이건 아닌 것이다.

나는 조목조목 반박했다.

"그건 안 되는 일입니다. 경찰관 직무집행법상 우리가 해야 할 일 아닙니까? 법적인 근거가 있고, 이제까지 문제없이 해오던 일인데 왜 못하게 하십니까?"

그랬더니 그가 언성을 높였다.

"하라면 하는 거지. 뭔 말이 이리 많습니까? 청와대에서 하라는데, 지금 불복하는 겁니까?"

일국의 민정비서관이면 국가권력을 공정하게 행사할 의무가 있다. 그러나 그는 친정이라는 이유로 일방적으로 검찰의 편을 들어 경찰을 억누르려고 하였다. 직권남용의 소지가 있는 것이다. 게다가 국정운영에 있어 견제와 균형은 헌법상의 기본 원칙이다. 민주주의의 핵심가치마저 침해하려는 데 어떻게 승복할 수 있겠는가.

나는 겉으로는 온순해 보일지 모르지만 내면에는 격렬한 에너지를 감추고 있는 유형이다. 둘의 대화는 거칠어져 갔고 언성은 높아졌다. 저녁을 마치고 덕수궁 돌담길을 걷던 시민들은 경상도 엑센트로 크게 떠드는 내 목소리에 놀라 희끔희끔 쳐다보곤 했다. 나는 겨우 분을 삭이고 목소리를 가다듬어 최대한 차분하게 대화를 종료했다. 다음날 이 사실을 당시 이

성한 청장에게 보고했더니 청장은 '그 친구는 나한테는 그런식으로 전화를 해'하며 불쾌해 했다.

그후 나는 그와 한 번도 만나거나 통화하지 못했다. 나는 대구청장을 거쳐 부산청장으로 부임했다. 그리고 그는 민정수석이 되었다. 어쨌든 나는 당대의 실세와 부딪친 전력이 있는 사람이 되었다. 우병우와 다툰 것이 조기 퇴직의 결정적 이유인지는 알수 없다.

그러나 내가 불화한 것은 우병우 만이 아니다. 청와대 수석의 인사청탁도 거절했고 지역 최대 언론인 부산일보와도 대립한 적이 있었다.

내가 부산청장으로 있을 때 청와대 치안비서관의 전화가 왔다. 사하경찰서 정보관 한명을 승진시켜 달라는 것이었다. 나는 누구의 부탁이냐고 물었다. 당시 청와대 모 수석의 부탁이었다. 검토해 보니 승진시켜주면 안될 사안이었다. 잘못된 인사는 누군가 한 사람에게 피눈물을 흘리게 한다. 당장 내가 2002년 총경 심사에서 반칙으로 누락되어 분루를 삼키지 않았는가. 그때 나는 '인사는 권한이 아니라 책임이다'는 말에 절대 공감했고 공정한 인사를 다짐했었다. 그런 내가 권력의 부탁이라고 해서 다른 사람에게 피눈물을 흘리게 해서는 안 될 일이었다.

나는 원칙에 어긋나니 할 수 없다고 통고했다. 그 뒤로 나는 나를 대하는 싸늘한 분위기를 느낄 수 있었다.

부산일보의 경우는 경찰을 무시한 처사가 발단이 됐다. 경찰과의 사전 협의 없이 부산의 주요 도로와 교량을 통제해야 하는 마라톤 대회를 개최하기로 하고 광고까지 내 기정사실화 해버렸던 것이다. 교통기능 참모들이 격분했다. 경찰을 무시하는 처사에 그간의 불만이 터져나온 것이다. 나도 마찬가지였다 이번에 언론의 불통에 대해 한번 제대로 문제제기를 해야겠다고 생각하고 협조를 거부하고 버텼다.

내심 어차피 협조해 주어야 한다는 생각은 했지만 쪼그라들대로 쪼그라든 경찰의 자부심과 위상을 이참에 한 번 세워야 한다는 생각을 한 것이다. 예상대로 부산일보는 여러 요로를 통해 나를 비판하고 험담했다. 그러는 와중에 나는 퇴직했고 내 후임자는 별다른 이의 없이 부산일보의 요구를 수용했다는 이야기를 나중에 들었다.

이상의 스토리는 팩트다. 이제부터는 내 개인적인 생각임을 밝혀둔다.

권력층이 보기에 나는 어떤 기준에서도 고분고분한 사람은 아니었을 것이다. 권력은 자기 나름의 소신과 기준으로 업무를 처리하려는 사람을 위험스럽게 생각한다. 이를테면 나는 그들에게 일종의 불령선인(不逞鮮人)이었던 셈이다. 그래서 스쿨폴리스사건을 외면적 이유로 내세워 경찰총수를 시키지 않았고 경찰고위직에 오래 머물지 못하도록 내쫓았던 것이다. 나중에 당시 사정을 알만한 사람으로부터 전해들은 바로는 내 짐작이 크게 틀리지 않았음을 확인해 주었다.

내 인생 전반부를 규정짓는 두 가지는 명예와 책임이었다. 둘 중에 책임이 더 중요했다. 나는 결국 부하들의 잘못에 대한 책임을 진 셈이다. 그러나 내가 진 책임은 응당 져야 할 책임보다 무거운 것이었다. 그리고 그 배경에는 권력과의 불화가 있었다고 생각한다.

경찰을 그만두고 나서 얼마되지 않은 춥고 어두웠던 2016년~2017년 겨울 대구에서 서울로 올라가는 기차 안에서 나는 부산지역의 국회의원 한 명과 마주쳤다.
그는 한참을 생각하더니 미안한 표정으로 짧게 한 마디 했다.
"이청장, 우리 박근혜 정부가 자네에게 했던 일은 그만 잊어주길 바라네"

2장 | 성장

내 꿈이 자란 시절

가난했지만 화목한 가족

　나는 경북 경주시 외동읍 죽동리에서 1966년 4월에 태어났다. 내 고향 경주는 늦가을같이 청량하면서 차분한 고장이다. 그러면서도 박목월 선생님의 시 '사투리'에서 느끼듯 씁쓰름하면서도 슴슴한 맛이 배어난다.

우리 고장에서는
오빠를
오라베라 했다.
그 무뚝뚝하고 왁살스러운 악센트로
오오라베 부르면
나는 앞이 캉 막히도록 좋았다.

나는 머루처럼 투명한
밤하늘을 사랑했다.
그리고 오디가 새까만
뽕나무를 사랑했다.
혹은 울타리 섶에 피는
이슬마꽃 같은 것을……
그런 것은
나무나 하늘이나 꽃이라기보다

내 고장의 그 사투리라 싶었다.

참말로
경상도 사투리에는
약간 풀 냄새가 난다.
약간 이슬 냄새가 난다.
그리고 입안에 마르는
黃土흙 타는 냄새가 난다.

어릴적 두 손 가득 검록색 오디 열매를 따서 한참 먹다 보면 손톱 사이에 까망 물이 배어든다. 몰래 피었다 진 병아리색 이슬마 꽃잎을 줍고 놀던 하늘빛 추억들이 소환된다. 생각하면 늘 경주가 고향이라는 게 행복했다. 어린 시절 박목월 선생님이나 김동리 선생님의 고향이라는 게 자부심이었다.

그 시절은 우리나라 어느 농촌지역이나 비슷했다. 우리 마을은 가난해도 정이 넘치던 전형적인 농촌 마을이었다. 내가 태어나고 자라던 집은 7번 국도에 붙어 있었다. 지금은 도로가 4차선으로 확장되면서 흔적조차 없어졌다. 울산권에서 확장된 공단이 마을 턱밑까지 뻗어 올라와 여기저기 공장이 들어서 예전의 풍경을 찾아보기란 쉽지 않다.

나는 우리나라의 평범한 농촌지역에서 태어나 누구보다 평범하게 자랐다. 사람들은 흔히 말하기를 훌륭한 인물들은 어머니들이 좋은 태몽을 꾼다고 한다. 하지만 나는 이렇다 할 태몽을 어머니에게서 들은 바가 없다.

집안도 이렇다 할 인물 하나 없이 평범하다. 6촌 안에 군수나 경찰서장은커녕 면서기나 순경이 있다는 얘기도 듣지 못하였다. 그래서 어릴 때 친구들이 자기 집안 자랑을 늘어놓을 때면 자랑할 것 없는 평범한 집안을 떠올리며 머쓱해질 때가 많았다. 그러나 부끄러워할 일은 아니다.

위로 형과 여동생 둘이 있는 2남 2녀인 우리 남매는 우애가 좋은 편이다. 어릴 적엔 철이 없어 좀 싸우며 컸는지 몰라도 성장해서는 한 번도 서로 얼굴 붉히는 일이 없이 사이좋게 지낸다.

교직에 종사하시던 형은 20년 만에 명예퇴직을 하고 바람처럼 구름처럼 자유롭게 생활하고 있다. 바로 아래 여동생은 지금도 선생으로 교편을 잡고 있고, 막내 여동생은 어린이집 교사다. 셋이 모두 교육자의 길을 갔으나 나만 다른 길을 가게 되었다.

유년시절의 기억

사실 아주 어릴 적 기억은 별로 없다. 남들은 다섯 살 이후의 기억은 많이 가지고 있는데 나는 초등학교 입학 이전의 기억이 거의 없다. 다만 몇 살 때인지는 잘 모르나 인근의 경주 보문단지에 놀러 간 일이 생각난다. 그

곳에 다녀와서는 일본에 놀러 갔다 왔다고 주장해 형한테 핀잔받은 적이 있다.

나의 존재감은 초등학교 저학년 때까지만 해도 드러나지 않았다. '내가 좀 똑똑하구나' 하고 스스로 깨닫게 된 것은 초등학교 5학년 때다. 교내 교과서 암송대회가 있었는데, '콜럼버스의 아메리카 신대륙 발견'에 관한 내용을 통째로 외워 주목받았다. 교내 방송을 쉬는 시간마다 틀었는데 대회 때 암송한 내 목소리가 계속 흘러나왔다. 쑥스럽기도 했지만, 괜스레 어깨가 으쓱해지기도 하였다.

중학교에 진학하며 읍내로 진출하게 되었다. 당시 외동읍에는 중학교가 딱 한 군데 있었고 남자 4반, 여자 4반으로 경주에서는 두 번째로 큰 중학교였다. 중학교 때도 공부는 늘 선두였으나 내성적인 아이였다.

방과 후에는 친구들과 어울려 놀기보다는 남아서 공부하거나 책 읽기를 좋아했다. 당시 시골에서 집에 돌아가 공부하거나 책을 읽는다는 것은 거의 불가능했다. 학교를 마치고 집에 오면 무조건 부모님이 하시는 농사일을 도와야 했기 때문이다.

집으로 오기 위해서는 입실역에서 저녁 9시에 기차를 타고 죽동역에서 내려야 했다. 한 번은 아무 생각도 하지 않고 죽동역에 서지 않는 기차를 탄 일이 있었다. 하는 수 없이 집에서 4킬로 떨어진 불국사역에 내렸는데, 버스도 끊어져 밤길을 홀로 걸어와야 했다.

지금도 불국사에서 죽동으로 가는 길가에는 공동묘지가 자리해 있다. 그곳을 지날 때면 무서워서 뒤도 돌아보지 않고 뛰고 또 뛰었다. 그렇게 한참을 죽어라 달려야 저 멀리 길가의 우리 집 불빛이 보였다. 아버지가 평상에 쭈그리고 앉아 나를 기다리며 담배를 피우는 모습을 봤을 때의 기쁨과 안도감은 지금까지도 생생하다.

그때만 해도 난 우물 안의 개구리였다. 중학교 2학년 때 영어 경시대회에 나간 것이 외부 학생들과의 첫 만남이었다. 경주시내 영어 암송대회에 학년 대표로 출전하게 된 것이다. 나름 잘한다고 했으나 입상에는 실패했다.

크게 실망한 내게 담당 영어 선생님은 이렇게 위로했다.

"네가 최고였어. 시골 학교에서 왔다고 차별한 거니, 너무 속상해하지 마라."

어느 날 우리 학교에 외국인이 오셨다. 그래도 영어를 곧잘 한다고 소문이 나서 담임 선생님이 나를 앞세우셨다. 그때 몇 마디 떠듬떠듬 대화를 나눴는데, 그 모습을 본 친구들이 아직도 부풀려서 "네가 그때 외국인과 유창하게 대화했잖아." 하면서 추켜세운다. 이런 상황은 나중에 내가 종로경찰서 수사과장으로 가서 유치장에 입감된 중국인과 몇 마디 한 것을 두고도 되풀이되었다.

학교나 집에서는 늘 조용한 모범생이었다. 중학교 3학년이 되면 다달

이 시행하는 모의고사 성적을 교실 복도에 성적순으로 쭉 써 붙였다. 경쟁심을 불러일으키기 위해 그런 것 같은데, 늘 선두를 놓치지 않았다. 그렇다 보니 여학생들 사이에서 인기도 좀 있었던 것으로 기억된다.

정서적으로 행복한 시절이었다. 학교에서 공부하다 환한 달빛을 밟고 친구들과 도란도란 이야기하며 집으로 돌아오던 일, 눈이 오면 친구들과 고함치며 눈싸움을 벌이던 때가 아직도 눈에 선하다.

단조로왔으나 충실했던 고교시절

중학교 때까지 평범했던 아이는 고등학교를 들어오면서 잠재된 자아가 외부로 발산되기 시작했다.

신천동 작은아버지 댁에 일 년에 두어 차례 가보긴 했으나 대구에 살게 된 건 경신고등학교에 입학하면서부터다. 먼저 경북대학교 사범대학에 재학 중인 형과 할머니가 대구에서 생활하고 계셔서 나도 경주에 있는 고등학교에 지원하지 않고, 연합고사를 치른 후 신설 학교인 경신고에 배정받았다.

예비소집일에 경신고를 방문하던 날은 유난히 눈이 많이 내렸다. 당시 경신고 교문 언덕은 입학하기 전부터 유명했다. 언덕배기라서 눈이 오면 밧줄을 타고 올라가야 한다는 소문이 나 있었다. 그 길을 할머니랑 올랐는데, 몇 번이나 멈춰서서 가쁜 숨에 기침까지 하시며 힘들어하셔서 안타까웠던 기억이 난다.

개학 첫날에 담임 선생님이 내 이름을 크게 부르셨다.
"이번 연합고사에서 우리 반에서 1등을 한 이상식이다. 오늘부터 우리 반 실장이다. 1학기 동안 친구들도 잘 도와주길 바란다."
그때나 지금이나 선생님이 공부 잘하는 학생을 좋아하는 건 당연한 일이었던 것 같다. 얼떨결에 불려 나와 친구들 앞에서 소개 인사를 하느라 진땀을 뺐다.

고교 시절에도 꾸준히 공부하며 선두를 놓치지 않았다. 특히 영어에 몰입했다. 당시 성문종합영어를 여름방학 전에 다 뗐을 정도로 파고들었다. 국어와 사회과목도 어렵지 않았다. 그런데 수학은 영 정복되질 않았다. 아무래도 우리 집안에 수학 못 하는 유전자가 있는 것인지 나뿐만 아니라 형과 여동생들도 수학이 약했다. 그 결과는 학력고사에서도 그대로 나타났다. 다른 과목에서 틀린 점수 합계보다 수학에서 틀린 게 더 많았다. 지금도 가끔 꿈을 꾸면 당시가 그대로 재현된다. 입학시험을 치르는데 항상 수학 문제가 풀리지 않아서 쩔쩔매다가 깨곤 한다.

공부는 체력이 있어야 버틸 수가 있다. 그런 면에서 나는 운동신경이나 체력을 타고났다. 부모님께 감사한 일이다. 특별하게 하는 운동이 있는 것도 아닌데 체력도 좋고 운동도 잘하는 편이다. 100미터 달리기, 윗몸 일으키기 등 체력장에서 만점은 물론 지금도 몇 가지 운동 종목들은 친구들과 겨뤄도 뒤지지 않는다.

〈나는 씨름에서 과감한 선제공격을 좋아한다〉

특히 씨름을 잘했다. 초등학교 때 학교 대표선수로 대회에 출전한 적이 있다. 고등학교 2학년 때는 동네 씨름대회에서 씨름 특기생으로 대구 영신고 씨름부원이던 같은 마을 동생과 겨뤄 2;1로 아깝게 질 만큼 호각세였다. 영신고는 당시 씨름으로 전국에 이름을 날리던 학교였는데도 말이다.

나는 씨름에서 과감한 선제공격을 좋아한다. 그래서 5초 안에 승부를 결정짓는 편이다. 한쪽 다리를 가랑이 사이에 넣어 상대를 들어 올리듯 빠르게 메다꽂는 들배지기가 내 특기다. 이제까지 비슷한 덩치로 겨뤄서 졌던 적이 없다.

고등학교 1학년 때는 신암동 대구측후소 근처에 살았다. 2학년 때는 범어네거리 근처로 이사를 했다. 현재 복개도로가 된 지성학원 맞은편이다. 여기서 지금의 그랜드 호텔 앞을 지나 대구여고 옆을 따라 자전거로 통학했다.

고등학교 2학년 여름방학 때 시골에 내려가 계시던 할머니가 돌아가셨다. 장구를 치다 쓰러지신 것이다. 뇌출혈이었다. 태어나서 처음으로 경험하는 상실이었다. 여느 할머니나 다 마찬가지겠지만 할머니는 손자들을 특히 귀여워하셨다. 대구에서 손자들 뒷바라지를 하시다 여름방학이라 경주로 내려갔는데, 마을 잔치에 놀러 가셨다가 변을 당한 것이다.

형과 함께 죽동집에서 살 때도 할머니랑 같이 잤고, 그 이후에도 부모님보다도 더 많은 시간을 같이 보냈기에 상실감은 더욱 컸다. 할머니는 공부 잘하는 둘째 손자가 좋은 대학에 가는 걸 보는 게 소원이셨는데 보지 못하셨다. 고등학교 2학년 때 설악산 수학여행 갔다가 돈을 아껴 할머니 브로우치를 하나 샀다. 그런데 집에 와 보니 없었다. 속상해서 화장실에서 혼자 울었던 기억이 난다.

고교 시절 친구들과 어울려 친구의 자취방에서 깡소주를 마셨고, 유행하던 에로영화도 숨어서 보러 다닌 적이 있으나 더 이상의 일탈은 없었다. 노력만이 내 미래를 개척할 유일한 힘이라는 것을 알기에 하룻저녁 친구들과 재미있게 놀다가도 다음날은 본연의 학업에 열중했다.

그때를 되짚어봐도 너무 재미없고 다소 지루한 학창 시절을 보냈다는 생각이 든다. 당구도 못 치고 악기도 다룰 줄 아는 게 없다. 기타를 잘 치는 친구들을 보면 부럽다. 하모니카도 제대로 못 분다. 바둑도 잘 둘 줄 모른다. 가장 아쉬운 부분들이다.

그러나 좀 재미없게 학창 시절을 보내긴 했지만 학업이라는 본분에 충실했던 게 인생 전체를 좌우하는 원동력이 되었다. 나중에 행정고시와 박사학위까지 취득하게 되지만 나의 기본적인 학업과 독서는 고교 시절과 대학 시절에 이루어진 것이라고 보아야 할 것이기 때문이다.

영국의 유명한 철학자 버트런드 러셀의 저서 《행복의 정복: Conquest of Happiness》에는 '어린 시절 단조로운 생활을 견디는 것'이야말로 행복의 기초'라고 설파한 부분이 나온다. 영국 유명 사립학교의 커리큘럼도 재미있다기보다는 지루하고 단조롭다. 그러나 그런 과정을 거쳐야 인생의 맛을 제대로 알게 된다는 것이다.

고3으로 올라간 후 얼마 안되어 장래 희망 조사가 있었다. 공무원·경찰·군인·판사·검사 직업군이 줄줄이 거명되면서 친구들도 각자 자기의 장래 희망을 선택했다. 그리고 '외교관'이 불려졌다. 친구들은 다 내 얼굴을 쳐다보았다. 내가 영어를 잘했고 또 외교관이 되고 싶다는 이야기를 더러 했기 때문이었다. 나도 순간 손을 들까 생각했다가 참았다. 맨 마지막에 '정치인'이 호명됐다. 나는 손을 번쩍 들었다. 그러곤 나 자신도 놀랐다. 사실 나는 평소에 외교관이 되거나 종합상사맨으로 세계를 누비는 생각을 많이 해 왔기 때문이었다. 또 그것을 뒷받침 할 만큼 영어나 독일어 등 외국어에도 소질이 있었기 때문이었다.

그러나 어린 나이에도 외교관의 역할은 정치인에 비해 제한적이고 정치의 역할이 훨씬 크다는 생각쯤은 할 수 있었다. 그때도 포부가 컸었나 보다. 어쨌든 그 후 경찰대학에 들어가기는 했으나 사시나 행시를 공부하던 주류와는 동떨어진 외무고시를 공부하기도 했고, 경찰에 30년 가까이 봉직하는 등 오랜 기간 동안 크게 우회하기는 했지만 고등학교때 장래 희망으로 선택했던 정치를 지금 하고 있는 것을 보면 세상에 팔자나 운명 같은게 있는가 싶기도 하다.

고3이 되고 입시철이 다가오자 가난한 집안형편이 나를 엄습해 왔다. 나는 공부를 잘했다. 내신까지 합쳐 우리나라에 진학 못 할 대학이 없었다. 그러나 집안 형편상 내 뜻대로 진학할 대학을 정할 수는 없었다. 형은 대학을 졸업하고 군대에 갔기 때문에 한시름 덜었으나 바로 아래의 여동생이 문제였다. 여동생도 공부를 잘하는 우등생이었다.

아버지는 초등학교 2학년이 학력의 전부였으나 개명된 분이었다. 딸들도 공부시켜야 한다는 생각을 갖고 계셨다. 우리 세대는 집안에 공부 잘하던 아들이 있으면 아들에 올인하고 딸들은 직장에 다니거나 시집을 가는게 다반사였다. 그러나 아버지는 딸도 공부할 생각과 능력이 있으면 공부를 시켜야 한다는 사고방식을 가지셨다. 그러나 내가 서울에 있는 대학을 가게 되면 시골에서 농사를 지어 동생들까지 공부시키기에는 아무리 부지런하고 알뜰한 부모님이라도 무리였다.

1984년 가을 아버지는 집으로 나를 불렀다.
"식이 니는 공부도 잘하고 성격도 원만하니 밥 굶을 일은 없을기라"
"...."
"니 여동생들도 공부를 해야 할 거 아이가. 니만 경찰대학이나 육사를 가면 아버지가 여동생들 대학은 책임지꾸마."
"예, 아버지 그라겠심더."

중요한 결정이나 어려운 순간에 말을 많이 하지 않는 것은 우리 집안의 전통이다. 몇 마디 대화가 내 인생 1막의 경로를 결정지었다. 경찰대학과 육사 둘 중 하나의 선택에서 어떤 선택을 할 것인가?
나중에 경찰대학에 들어가고 나서 보니 동기생들은 대부분 나와 비슷한 케이스가 많았다. 가난한 시골농부나 도시 근로자의 아들이 절대 다수였다. 그리고 한 가지 공통점은 많은 동기생들이 경찰대학이나 경찰에 대한 장밋빛 환상을 가지고 입학했다는 것이다. '경찰대학을 졸업하기만 하면 출세가도를 달리게 되고 좋은 배우자와 결혼할 수 있다', '곧 수사권 독립이 이루어져 젊은 나이에 막강한 권력을 가진 영감님이 된다' 등등.

그러나 나는 그렇게 생각하지 않았다. 경찰대학의 일상이 군대 같이 피곤하고 답답할 것이며 경찰조직의 미래도 그렇게 밝지 않을 것이라는 생각을 했다. 그리고 시간이 흐르면서 내 예감은 그대로 적중했다.

그럼에도 내가 육사를 가지 않고 경찰대학을 선택한 이유는 경찰대학의 커트라인과 평균점수가 육사에 비해 훨씬 높았다는 것이다. 한마디로 경찰대학에 들어갔다는 것은 똑똑하다는 것을 인정받는다는 것이었다. 그리고 나는 그걸로 족했다.

1984년 12월 24일 크리스마스이브였다. 경찰대학 원서 접수 마지막 날이었다. 외교관이나 정치인이 되고 싶었던 청년은 현실의 벽에 가로막혀 방황해야 했다.

동대구역 철제 난간에 기대어 소주 한 병을 통째로 들이마셨다. 이를 악물었다. 내 앞에 닥쳐온 운명을 스스로의 힘으로 헤쳐나갈 것이라고 굳게 다짐했다. 그리고 무궁화기차에 몸을 실었다. 그러나 아직은 어린 나이였다. 나는 서러워 터져나오려는 울음을 속으로 삼키며 눈물을 훔쳐야 했다.

경찰대학과 고시공부, 치열했던 단련의 시간

경찰대학 5기에 수석으로 입학했다. 지서 경찰관이 오토바이로 달려와 소식을 전했다. 아버지는 내가 수석한 것보다도 경찰관이 자신에게 깍듯이 경례하는 것을 더 기뻐하시는 것 같았다. 경찰신문 인터뷰를 위해 아버지와 나는 서울로 갔다. 부자는 서울가면 무슨 대단한 대접을 받는 줄 알고 들떴다. 높은 분을 만날까 싶은 기대도 가졌다. 그러나 우리를 맞이한 것은 그닥 대단할 것도 없는 경찰신문사 편집실이었고 나는 생각나는 대로 모범답안같은 인터뷰를 했다. 그것이 다였다. 우리는 좀 허탈했다. 그런 우리 기분을 아는지 경찰신문사 대표님이 근처 중국집에서 시골서는 먹기 어려운 요리도 시켜주고 내려가는 차비하라며 용돈 3만원을 주셨다. 우리는 기분이 좀 나아졌다. 그리곤 축하차 찾아온 마을사람들에게 치안본부에 가서 높은 분과 차도 마시고 격려도 받았다고 없는 자랑을 했다.

동네 어른들에게 완전 어깨가 으쓱해진 아버지와는 달리 어머니는 크게 기뻐하지 않는 모습이었다. 오히려 수심이 가득한 표정을 지을 때가 많아졌다. 공부 잘하는 아들이 가고 싶은 대학에 못가고 고생길 훤한 특차대학에 들어가는데 어느 어머니인들 기뻐할 수 있으랴.

보통 대학은 3월에 개학하는데 우리는 한 달 당겨 2월 초에 소집되어 입학전 훈련을 받게 되었다. 일반 대학을 간 친구들은 미팅이다 뭐다 그간 고생한 끝의 낙을 누리는데 우리는 추운 겨울에 고된 훈련을 받아야 했다.

경찰대학에 입학하러 집을 떠나는 날은 입대하는 것이나 다름없었다. 그날 나는 내가 탄 버스가 떠나자 돌아서서 우시던 어머니의 모습을 잊을 수 없다. 그때 나는 말로만 듣던 눈물 젖은 빵이란 게 어떤 것인지 어슴프레하게나마 느낄 수 있었다.

입학 첫날 선배들은 우리의 혼을 쏙 빼놓았다
"머리 박아, 엎드려뻗쳐, 집합, 선착순……."
그야말로 정신을 빼놓는 순서다. 그리고 옷 갈아입기, 사복을 벗고 하나씩 나눠주는 여러 종류의 옷을 입으면서 부착물을 바느질로 달았다. 줄줄이 머리를 깎고 생활에 필요한 물품을 나눠주면서 신속, 정확, 복명복창하면서 군대식 단체 규율을 몸에 익혔다. 이때 얼마나 '선배님, 선배님'이라는 복창을 많이 했으면 1학년 첫 외박 때 모교를 방문하는 자리에서 '선생님'이라는 말이 나오지 않고 '선배님'이라는 말이 계속 튀어나올 정도였다.

경찰대학 1학년 동안 내 삶과 정신은 매우 단조로와졌다. 엄격한 규율과 힘든 훈육, 지루하게 반복되는 일상은 정신마저 메마르고 단순하게 만들었다. 대학생 필독서라고 씌여진 책들을 읽는데 도무지 이해가 되지 않았다. 추상적인 개념들이 잘 이해가 되지 않는 것이 많았다. 몇 번씩 읽어도 문장의 뜻이 파악되지 않았다. 똑똑하다고 자부하던 내가 어찌 이런 지경이 되었는지 나는 슬슬 걱정이 되기 시작했다. 외부에서 출강 오는 교수님께서 하신 말씀은 다소 충격적이었다.

"여러분의 입시점수는 내가 가르치는 학생들보다 훨씬 높은데 같은 시험문제를 내는데 경찰대학생 여러분의 성적이 훨씬 못하니 이해가 잘 안됩니다."

반면 향상된 것이 있다면 외견상 보이는 육체적 강건함이었다고나 할까? 대학 1학년 2학기였나 싶다. 미국인 영어교사가 'robust'라는 단어를 말하고 나서 두리번 거리더니 나를 일으켜 세웠다. 그리고 "Yes, you can say he is robust"하는게 아닌가.

나는 지금도 '억세다'란 뜻의 robust란 단어를 좋아하지만 정신이 무뎌지는 것을 참을 수 없었다. 또 나를 눈여겨 본 어느 교수님은 나더러 외출을 나가면 '교보문고에 가서 책도 사 읽고 영화도 자주 봐라. 그래야 경찰대학 같은 교육에서 생길 수 있는 지적 단순함을 극복할 수 있다'고 말씀하셨다.

나는 그 교수님의 충고를 충실하게 이행한 편이다. 그리고 지금도 시간이 나면 서점에 들리는 것을 좋아하고 영화보는 것을 즐긴다.

미래에 대해 진지하게 생각할 정신적 여유가 생긴 것은 3학년이 되고 나서부터였다. 당시 경찰대학에서는 고시 열풍이 불었다. 나도 당연히 그 대열에 동참했다. 경찰대학은 학업과 훈련을 동반해야 하므로 공부에 전념하기가 힘들다. 그럼에도 그 상황을 이겨내며 최선을 다하고자 했다.

어린 시절부터 간직했던 외교관의 꿈을 실현하기 위해 대학 3학년 때 외무고시에 도전했다. 1차에 무난히 합격하며 자신감을 얻었다. 그러나 4학년이 되자 나는 그만 매너리즘에 빠졌다. 책이 눈에 들어오지 않았다. 집중이 되지 않았다. 지금도 그 이유를 모르겠지만 그때 나는 무기력증 비슷한 것에 시달린 것으로 생각된다. 찬바람이 불면서 나는 외무고시를 포기했다. 이솝우화에 나오는 신포도처럼 외무고시에 합격하면 외국으로만 돌아야 하는데 그건 싫다는 식이었다. 그리곤 행정고시를 보기로 하고 서울대학교 행정대학원에 응시해 합격했다.

그때 어머니께서 얼마나 기뻐하시던지 그 모습이 지금도 눈에 선하다. 공부 잘하는 아들을, 늘 선망하시던 서울대학에 보내지 못해 내내 가슴 아파하시다가 대학원이긴 하지만 그토록 바라던 서울대학교 학생이 된 아들을 많이 자랑스러워 하셨다.

졸업 후에 치안 현장에 배치된 동기들과 달리 나는 대학원에 진학해 학업을 이어 나갔다. 서울대 근처 신림동 고시원에 들어갔다. 나는 밤을 새워 공부하는 스타일이 아니라 꾸준히 공부하는 스타일이다. 그리고 암기보다는 전체적인 맥락을 중시하는 스타일이다. 그래서 그런지 1차에 무난히 합격했다. 대학 때 외시 공부를 준비하던 게 도움이 되었던 것 같다.

행정고시 1차에 이어 한 달 후에 곧바로 응시한 2차 시험에도 합격했다. 천재들만 가능하다던 그야말로 말로만 듣던 1·2차 동시 합격 통보를 받고 날아갈 듯 공중에 뜬 기분으로 며칠을 보냈다.

하지만 '호사다마(好事多魔)'라고 했든가, 기쁨이 채 가시기도 전에 나락으로 추락하는 기분을 맛보아야 했다. 3차 면접에서 탈락한 것이다. 며칠 들뜬 기분을 진정시키고 스스로 되돌아보면서 생각했다. 내로라하는 수재들이 다 몰린다는 행정고시에 나처럼 날치기로 합격할 수는 없는게 당연한 것이라는 생각이 들었다. 아마도 공부한 양이 적었으니 성적이 좋지 않았을 것이고, 나이도 가장 어린 축에 들어 고배를 마신 게 아닌가 생각했다.

고시 3차 탈락은 아주 이례적인 일이다. 1백 대 1이 넘는 행정고시 1, 2차를 통과했다는 자체가 어려운 관문인데, 182명 중 2명을 추려내는 3차에서 낙방을 한 것이니 통한이 아닐 수 없다. 그때 경험을 인생의 돌다리로 삼게 되었다. 어떤 일이든 끝까지 신중에 신중을 기한 후 결과를 기다려야 한다는 것을 진리로 받아들이게 되었다.

상심이 컸으나 절치부심하여 1년간 다시 공부에 매달렸다. 그래서 마침내 34회 행정고시에 무난히 합격하였다.

1년간 각고의 노력을 기울이며 깨달은 게 있다. 원 없이 공부했어도 점수가 올라간 과목은 국민윤리뿐이라는 사실에 적잖이 놀랐다. 그래서 고시제도의 유용성에 대해 고민해 봐야 한다는 생각을 갖게 되었다.

고시는 결국 과거제도의 유산이다. 현대의 시대적 변화에 맞추어 고시를 폐지하거나 크게 개혁해야 할 필요성이 있다. 경찰대학도 마찬가지다. 나의 모교이기는 하나 크게는 국가, 작게는 조직의 측면에서 시대적 소명을 달성하였으므로 발전적 해체를 생각할 시점이 되었다고 보는 것이다.

경찰대학 시절을 이야기하면서 빼놓을 수 없는게 있다. 1987년 경찰대학 3학년 봄이었으니까 두 해 위인 3기들이 졸업하기 이틀 전 쯤이었다. 졸업식 예행연습을 하는데 학장의 졸업식 축사가 문제였다. '전두환 대통령 내외께 충성을 맹세하고'란 구절이 나왔다. 순간 술렁거림이 일었다.

그날 밤 동기들 전원이 모여 동기생 회의를 개최했다. 학장 축사에 대한 성토가 터져나왔다. 졸업식을 보이콧해야 한다는 강경 목소리가 득세했다. 당시 조영석 동기생 회장과 내가 분위기를 주도했다. 아무리 그래도 이건 아니라고 생각했다. 지금이야 웃으면서 이야기 할 수 있지만 당시 분위기는 심각했다. 아직은 권위주의의 서슬이 시퍼렇게 살아있을 때가 아니었는가. 불과 몇 달전에 박종철 고문 치사 사건이 발생한 터였다. 집단 행동을 결의한 우리들이지만 걱정이 이만저만이 아니었다. 아직은 부모님의 존재가 의사결정에 절대적인 영향을 미친 시기였다. 우리는 시골에 계신 부모님 생각에 고민에 고민을 거듭했지만 결국에는 우리의 결연한 뜻을 학생지도부에 전달했다.

학교측도 난감하기는 마찬가지였다. 아무리 전두환정권 시절이었지만 학생들의 정당한 요구를 일방적으로 무시하기도 어려웠고 대량 퇴학조치 등을 하기에도 무리였을 것이다. 다른 학년에서 동조하지 않고 우리 5기만 반발했지만 반발의 강도가 예상보다 셌던 것이다. 당시 학생지도실장은 지금 국민의힘 김석기 의원이다. 그는 당시 "이상식과 조영석이 가장 강경하다"며 한숨 쉬듯 말했다.

결국 학장이 양보를 했다. 졸업식 당일 전두환 당시 대통령이 참석한 졸업식 학장 축사에서 '전두환 대통령 내외에게 충성을 맹세하고'라는 구절은 빠졌다. 6월 항쟁으로 6.29 선언이 나오기 3달 전 일이다. 경찰대학 같은 특수한 집단 내에서조차 민주주의에 대한 열망이 표출될 시대였을진대 바깥 세상에서야 말해 무엇하겠는가.

아버지 나의 아버지

고시 합격 후 대구로 왔다. 논산훈련소에서 7기생 후배들과 군사훈련을 마치고 대구경찰국으로 발령받았다. 그때 어째서 서울을 지원하지 않았는지 지금 생각해도 아이러니다. 당시만 해도 성적이 우수하거나 야망이 있다면 서울을 지원하는 게 당연한 풍조였다. 이제 돌이켜 생각해 보니 충분히 서울에 배치될 수 있었는데 대구로 온 건 일종의 귀소본능이 아니었을까.

대구에서 보낸 4년간의 경찰 초급간부 시절은 그야말로 꽃 피는 봄, 그 자체였다. 고시에 합격했으니 더 이상 승진 공부에 신경 쓸 필요도 없었다.

당시 대구는 경기도 좋았다. 밤마다 시내는 불야성을 이뤘고, 술집과 식당에는 사람들로 가득 찼다. 어쩌다 서울로 출장을 갔다가 새마을호 기차를 타고 대구로 내려올 때는 동대구역에 도착하기 직전에 스피커를 타고 흘러나오던 노래 '달구벌 찬가'를 지금도 기억한다.

〈경찰대학 졸업식때 부모님과 함께〉

"대구는 내 고향 정다운 내 고향~ 능금 꽃 피고 지는 내 고향 땅은 팔공산 바라보는 해 뜨는 거리~"

언제 들어도 정겨운 노랫가락이다. 대한민국 근대화의 주축이자 권력의 심장 대구에서 전도가 유망한 청년 경찰간부로 근무하는 나의 자부심은 하늘을 찌르고도 남을 만큼 사기충천했다. 세상이 온통 장밋빛으로 빛나는 것 같았다.

그런데 어느 화창한 날, 아직 이른 연세인데 아버지가 돌아가셨다. 장밋빛 하늘이 흙빛으로 변하면서 무너지는 느낌이었다. 천붕(天崩)을 그때 경험했다.

지금도 아버지에 대한 기억이 분명하다. 가장 먼저 떠오르는 건 우리를 등지고 앉으신 모습이다. '아들은 아버지의 등을 보고 자란다'라는 말을 어디선가 들었는데, 나도 그 넓은 아버지의 등을 보면서 자랐다.

가끔 하청호 시인의 '아버지의 등'이라는 시를 떠올리며 아버지를 생각한다.

아버지의 등에서는
늘 땀 냄새가 났다

내가 아플 때도
할머니가 돌아가셨을 때도

어머니는 눈물을 흘렸지만
아버지는 울지 않고
등에서는 땀 냄새만 났다

나는 이제야 알았다
힘들고 슬픈 일이 있어도
아버지는 속으로 운다는 것을
그 속울음이
아버지 등의 땀인 것을
땀 냄새가 속울음인 것을

    가족을 먹여 살리기 위해, 가난을 벗어나기 위해 묵묵히 세상 짐을 짊어지신 아버지. 궂은일을 마다하지 않으시고, 힘들단 내색 한 번 하지 않으시고, 울어야 할 때 울지 못하고, 웃어야 할 때 웃지 못하셨을 아버지.
    아버지는 그렇게 과묵한 분이었다. 어려운 일이 있어도 가족들 앞에서 토로하신 적이 없다. 할머니는 그런 아버지를 두고 손자들에게 '너희 아버지가 가만히 앉아 담배를 피우고 있으면 무슨 걱정거리가 있어 그런 게다'라고 말씀하시곤 하였다.
    집안의 대소사뿐 아니라 마을의 궂은일도 도맡아 하시면서도 불평 한 마디 없으셨다. 살만해지자 몹쓸 병에 걸리신 후에도 자신의 처지나 팔자를 탓하지 않으셨다. 평생을 운명에 순응하며 사신 선량한 분이다.

언젠가 아버지는 그 넓은 등허리에 삶은 옥수수 한 가마니를 짊어지고 땀을 뻘뻘 흘리며 우리 형제를 찾아오셨다. 경신고등학교에 다니던 초가을 무렵, 대구에서 형과 함께 하숙하던 집에 연락도 없이 올라오셨다. 아들들에게 좋아하는 옥수수를 먹이기 위해 먼 길도 마다하지 않으시던 아버지. 지금도 아버지를 생각하면 그때의 모습이 자주 떠오른다.

어머니와 아버지는 농사를 지으시며 도로변에서 조그만 구멍가게를 운영하셨다. 어려운 살림에도 학비와 하숙비를 한 번도 밀리게 한 적이 없을 정도로 자식들의 교육에 모든 것을 걸고 계셨다. 그런 부모님과 손주들에게 헌신하신 할머님 은혜에 조금이라도 보답하기 위해 열심히 공부하지 않을 수 없었다.

아버지는 정규교육을 제대로 받지 못하신 시골 농부셨으나 자식에 대한 교육의 열정만큼은 누구에게도 뒤지지 않는 분이셨다. 특히 어떤 일이든 자신의 힘으로 해결하고자 하는 자주정신과 독립심이 투철한 분이셨는데, 아무래도 그런 부분에서는 내가 아버지를 많이 닮은 듯하다. 어쩌다 재미 삼아 점(占)을 보면 '이 사람은 누가 시키거나 도와줘서 되는 일은 없고 모든 일을 다 자기가 떠맡아 해결해야 직성이 풀리는 사람이다'라는 말을 듣게 되니 말이다.

나 스스로 생각해도 그렇다. 나의 독립심과 자주정신은 아버지에게서 물려받은 게 확실하다. 핏줄을 이어받은 자식이라는 게 유기적인 관계여서 결국 어떤 흐름에서 공통분모가 존재한다는 것을 깨닫게 된다. 마치 산에서 계곡을 타고 흐르는 물줄기가 지류를 형성해 강을 만들고 광대한 바다를 향해 나아가듯 한 몸이 되어 흘러가는 것이 아닌가 한다.

나중에 들은 이야기지만 내 고교 친구의 아버지께서 우리 아버지에게 조심스럽게 제안하셨던 모양이다. '상식이가 공부도 잘하고 성격도 좋으니 도와주고 싶습니다. 우리 애와 같은 하숙집에 있게 해서 제가 학비를 보태겠습니다.' 그러나 우리 아버지는 일언지하에 거절하셨다고 한다.

아버지는 일본 히로시마 인근에서 태어나시자마자 유복자가 되시고 광복되던 아홉 살 무렵에 할머니와 함께 한국으로 건너오셨다. 가난이란 한을 대물림받아 보셨기에 남의 집 머슴살이부터 시작해 평생 일만 하시면서도 할머니를 평생 극진히 모신 효자셨다.

병원에서 운명하신 아버지를 평소 당신이 원하시던 경주 시골집에 모시고 장례를 치르고 시골집이 보이는 앞산에 모셨다.

지금도 아버지를 생각하면 정호승 시인의 시 '아버지의 나이'처럼 한평생 가족에 대한 헌신과 책임으로 사셨던 진한 부정(父情)에 대해 생각하게 된다.

저는 이제 나무에 기댈 줄 알게 되었다
나무에 기대어 흐느껴 울 줄 알게 되었다

나무의 그림자 속으로 천천히 걸어 들어가
나무의 그림자가 될 줄 알게 되었다
아버지가 왜 나무 그늘을 찾아
지게를 내려놓고 물끄러미
나를 쳐다보셨는지 알게 되었다
저는 이제 강물을 따라 흐를 줄도 알게 되었다
강물을 따라 흘러가다가
절벽을 휘감아 돌 때가
가장 찬란하다는 것도 알게 되었다
해 질 무렵
아버지가 왜 강가에 지게를 내려놓고
종아리를 씻고 돌아와
내 이름을 한 번씩 불러보셨는지도 알게 되었다

영화 '국제시장'의 주인공이 '아버지 저 이만하면 잘 살았지요' 했을 때 흐르는 눈물을 주체할 수 없었다. 모든 아들은 세상 누구보다도 아버지에게 인정받기를 원한다. 나도 언젠가 아버지 앞에 자랑스럽게 설 수 있기를 바랄 뿐이다.

내 고마운 여동생

우리 형제들은 아버지가 일찍 돌아가신 후 더 결속이 강해졌다. 내 기억에 아버지가 돌아가신 후 거의 30년간 우리 형제 사이에서는 사소한 일로도 다툰 적이 없었다.

그러다 위기가 찾아왔다. 나에게는 신장다낭종이라는 지병이 있었는데 후천적인 것이 아니고 유전이었다. 마흔 살이 넘어가면서 본격적으로 증상이 발현되기 시작해 콩팥이 부풀어 오르고 신장 기능도 점점 나빠져 갔다. 집안의 기둥인 차남에게 닥쳐온 우환은 온 집안에 긴 근심의 그림자를 드리웠다. 지난 대통령 선거때 내 신장 기능은 거의 임계점에 이르렀으나 나는 대선 선대위에서 나의 임무를 다하기 위해 신장 수술도 연기했다. 2022년 지방선거까지 끝나고 나서야 나는 신장이식을 결정했다. 그러나 누가 나에게 생명이나 다름없는 신장을 떼어줄 것인가?

나에게 신장 이식을 자청하고 나선 것은 우리 집의 막내 여동생이다. 시집가서 남편, 아들 둘, 두 시어른이 다 계신 상황에서 친정 오빠에게 신장을 주겠다고 나선 것이다. 그렇다고 집안에서 형제 중 누가 신장을 내게 줄 것인가를 두고 이렇다 할 토론이나 갑론을박이 있었던 것도 아니다. 조용하게 그러나 흔들림없이 막내가 손을 들고 나섰다.

우리 집안의 분위기가 그랬다. 우리는 어떤 사안을 두고 이렇다 할 의견

개진이나 토론을 하는 것이 아니라 그냥 자연스럽게 결론이 모아지는 분위기다. 말도 별로 하지 않는다. 그냥 그렇게 한다.

막내 여동생이 나에게 신장을 주겠다는 의사를 시어른들에게 밝혔을 때 그분들이 하셨다는 말씀이 너무 고맙다. 사돈어른께서는 "애야 네가 오빠를 위해 그렇게 할 수 있다는 것이 얼마나 좋은 일이냐"고 말씀하셨다고 한다. 그 사돈어론이 돌아가셨을 때 나는 진심으로 감사와 애도의 눈물을 흘리지 않을 수 없었다.

부모자식 간에도 장기 이식은 쉽지 않다. 하물며 남매지간은 말할 필요가 없을 것이다. 그러나 막내는 의사 표명을 한 이후 한번도 후회하거나 주저하는 기색없이 신장기증의 절차를 밟아 나갔다. 그리고 2022.6.29. 나는 여동생의 희생과 헌신으로 새 생명을 얻는 수술을 무사히 마쳤다.

아들과 딸 둘이 동시에 수술실에 들어가는 기막힌 상황에서 낙천적인 우리 어머니도 초조함을 감추지 못하셨나 보다. 두 아이의 수술이 무사히 끝났다는 소식에 어머니는 '부처님 감사합니다'를 몇 번이나 거듭 되뇌었다고 한다.

사람들은 여동생이 신장 한쪽을 기증했다는 이야기를 들으면 한편 놀라고 한편 부러워한다. 부모의 유산 때문에 형제간에 갈라져 싸우는 세태에 보기 드문 미담이라는 것이다. 하기사 부모자식간에도 장기 기증은 쉽지 않다. 형제간에는 말할 것도 없다. 수술전날 기증 의사를 철회하는 경우도 빈번하다고 한다. 그렇다고 해서 비난할 일도 아닐 만큼 장기기증은 어렵고 큰 일인 것이다.

　나는 내 여동생에게 왜 나에게 신장을 주느냐고 물어본 적이 없다. 여동생도 이유를 이야기한 적이 없다.

　여동생이 얼핏 하는 말을 들었다. 조카가 볼맨 소리를 했던 모양이다. '왜 하필 엄마냐'고. 여동생은 '○○야 너는 형이 그런 상황을 당하면 어떻게 할거야? 신장 한쪽 떼 주겠지. 엄마도 지금 그렇게 하는 것이란다' 고 말했는데 조카는 아무말없이 고개를 끄덕였다고 한다. 여동생은 위기에 처한 오빠를 위해 그렇게 하는 것은 당연한 일이라고 생각했던 것이다. 그리고 신장이식을 위한 종합검사를 위해 같이 입원했을 때도 오히려 나에게 '오빠야 다 잘될 거니까 걱정하지 마셔'라며 오히려 위로했다. 운명공동체 구성원들만이 느낄 수 있는 뜨거운 가족애를 느끼면서 내가 할 도리를 다해야겠다고 다짐하곤 한다.

　나는 한때 속으로 '나는 내가 가진 실력과 재능에 비해 운이나 복은 그렇게 많이 타고난 편은 못되는 구나' 생각하곤 했다. 실제로 그렇게 느낄만한 일들도 일어나긴 했었다. 그러나 지금은 생각이 바뀌었다. 내가 지금 살아있는 것만 하더라도 여동생의 큰 사랑과 희생이 있었기 때문이었다. 신장이식수술에서 회복된 후 나는 하루하루 살아있음에 감사한다. 그리고 나에게 신의 가호와 은총이 함께 한다고 굳게 믿게 되었다.

3장 | 명예

매화는 향기를 팔지 않는다

홍콩의 깊고 푸른 밤

아버지가 돌아가신 후 대구를 떠나기로 결심했다. 그대로 대구에 있어서는 고위간부로 승진할 가능성이 없다고 판단했다. 그렇다고 흙수저인 나를 서울로 끌어당겨 줄 배경이 있을 리 만무했다. 그래서 내 힘으로 해결하고자 해외주재관 근무를 자원했다. 해외주재관은 본청 소속이라서 근무를 마치고 나면 서울로 발령이 나기 때문이다.

해외주재관 우선 선발기준은 외국어 능력이다. 나는 외국어는 자신있었다. 순조롭게 합격해 1995년 2월 말경에 홍콩주재 대한민국 총영사관 경찰영사로 파견되었다. 갓 돌이 지난 첫째 아이를 품에 안고 홍콩행 비행기에 오르던 기분은, 뭐랄까, 미지의 세계에 대한 불안감과 새로운 기회에 대한 기대감이 뒤엉켜 심란했다.

홍콩은 그야말로 좁고 깊은 곳이다. 골목마다 알싸한 향냄새가 그득하고 신당의 붉은 장식들이 주는 느낌 그대로다. '서극' 감독의 역작 중 하나로 꼽히는 영화 '순류역류(順流逆流)'를 보았다면 그 분위기를 떠올릴 수 있으리라.

영화 속 타이쿠(太古)역 근처에 수두룩한 아파트촌, 일명 닭장이라 불리는 익청빌딩은 상징적인 모습을 담고 있다. 아파트촌은 할리우드 영화 '트랜스포머'에도 등장하면서 더 유명해졌다. 그렇다고 조금은 지저분하고 위험해 보이는 모습만 있는 건 아니다. 대조적으로 아주 말끔한 고층빌딩 숲

이 공존하는 곳이 홍콩이다.

　무역장벽이 없는 자유무역항이기도 한 홍콩은 그간 주인이 바뀌면서 국적 불명의 문화를 연명해오긴 하였으나 무역과 금융의 국제도시로 부와 명성을 가진 도시다. 우리나라와 거리가 가까워서 사람들의 왕래가 잦은 만큼 우리와 관련된 범죄도 빈발하는 곳이다.

〈현지 경찰과의 업무 협조가 교민 보호를 위해 중요했다〉

경찰영사의 주된 업무는 재외국민 보호다. 해외에 있는 우리 국민과 관련된 모든 사건, 사고 처리를 위해 최일선에서 뛰게 된다. 우리 국민이 피해를 입은 사건이든 가해한 사건이든 상관없이 국민의 편에서 지원하는 활동이다.

무엇보다 현지 경찰과 업무 협조를 주선하는 역할이 중요하다. 친교를 맺는 데 우선순위를 둔 것도 이 때문이다. 홍콩 경찰의 주요부서와 공조해야 교민들의 사건, 사고를 원활히 수습할 수가 있다. 나는 홍콩 경찰들과 스쿠버다이빙도 하고 태권도 교습도 해주고 집에 불러 만찬도 하면서 친교를 쌓았다.

당시 이러한 전략이 '경부고속전철 로비자금 사건'에서 시의적절하게 통했다. 경부고속철도 건설을 수주한 프랑스의 알스톰사가 150억에 달하는 로비자금을 들여와 국내의 정관계 인사들에게 뿌린 사건인데, 자금 규모가 방대한 만큼 의혹도 넘쳐났다.

1991년 고속전철 착공을 앞두고 어떤 방식으로 건설할지에 대한 찬반 논의가 뜨거웠다. 이미 프랑스, 일본에서 검증받은 레일 방식은 건설비가 싼 게 장점이지만, 속력 배가에는 한계가 있다는 의견이었다. 반면에, 자기부상 방식은 세계 여러 나라에서 시험 기술에 성공했으나 상용화되기 전이었다. 그로 인해 건설비용이 비싸다는 게 문제였으나 소음, 정숙성, 속도에서 레일보다 나은 점수를 받았다.

1990년부터 각 나라들이 치열한 수주 경쟁에 뛰어들었다. 독일과 일본, 프랑스가 경합을 벌였다. 특히 프랑스는 알스톰사가 경부고속전철 차량에 선정되기 위해 전방위로 막대한 로비를 진행했다. 알스톰사는 바로 초고속열차 떼제배(TGV)로 우리에게 알려진 기업이다.

　당시 TGV는 세계 최고 속력을 자랑하는 고속전철로 기술이전과 건설비 부분에서 독일 ICE(이체)나 일본 신칸센보다 우위에 있었다. 프랑스 미테랑 대통령은 한국에 TGV를 팔기 위해 그동안 한국이 수차례 요구했던 규장각 도서를 영구임대 방식으로 돌려주겠다는 파격적인 제안까지 했다.

　1992년 6월에 선정하기로 한 고속전철 차량 선정은 10월로 연기되었고 다시 또 연기되었다. 이때 각국에서 많은 로비가 진행되었다. 문민정부 시절이던 1994년 ICE가 기존에 제안했던 가격보다 10% 인하하는 파격적인 조건을 던졌지만 최종 낙찰은 알스톰사의 TGV로 결정되었다. 그런데 이 과정에 정치권으로 로비자금이 유입된 흔적이 포착된 것이다.

　사건의 담당 부서였던 홍콩경찰 재부조사과(財富調査科) 담당자가 나를 불렀다. 한국과 관련된 사건이라며 중요한 단서가 될 거라 확신했다. 특별히 내게만 첩보를 제공해준 것이다. 상세히 검토해보니, 로비스트로 지목되는 인물, 15대 총선이 임박한 95년 말부터 96년 초에 집중적으로 자금세탁이 이루어진 정황, 자금세탁 후 정치권으로 건네진 자금의 출처 등 관련자의 인적 사항을 비롯한 금융정보가 빽빽이 적힌 고급 정보였다.

　사안이 중차대한 만큼 한국경찰청에 즉각 보고했다. 그러나 웬일인지 전혀 후속 조치가 이뤄지지 않고 시간만 흘렀다. 한동안 오리무중인 상태가 답답했으나 수사가 진행 중인 줄로만 알고 있었다.

그런데 얼마간의 시간이 지난 뒤 전해진 뜻밖의 소식에 아연실색하고 말았다. 드러난 사건의 전말은 이랬다. 내 첩보를 받은 경찰청 외사분실에서 관련자들을 조사하는 과정에서 8천만 원의 뇌물을 받고 사건을 내사 종결해버린 것이다.

대검찰청 중앙수사부가 이러한 정황을 포착하고 관련자들을 소환해 조사를 벌였다. 그 과정에서 우호적 참고인으로 나를 불렀다. 첩보를 입수한 경위 등 진술을 받기 위해서였다. 내로라하는 거물급을 수사하는 대검찰청 중앙수사부를 우호적 참고인으로 방문해 커피도 한잔 대접받는 드문 경험을 했지만 씁쓸한 기분을 떨쳐 낼 수 없었다. 결과적으로 경찰이 대형 비리 사건을 수사해 개가(凱歌)를 올릴 수 있었던 절호의 기회를 제 발로 차버린 격이었다. 일부 경찰관들의 잘못으로 수사권을 경찰이 아닌 검찰에게 넘겨준 꼴이 되고 말았으니 말이다.

또 하나의 대형 사건으로 '율곡사업 비리'를 꼽을 수 있다. 사건의 핵심 인물인 주모 씨를 국내 강제송환에 성공한 사례다.

율곡사업은 1974년부터 1986년까지 실시된 대한민국 국군의 전력 증강을 위해 대규모 군수, 무기를 들여오는 사업이었다. 실로 방대한 규모였던 만큼 이 사건도 의혹이 난무했다. 대표적인 것은 무기나 장비 선정 과정에

검은돈을 앞세운 방위산업체와 중간거래상들이 로비를 했다는 점이었다. 장비 선정이 왜곡된 것이다.

1993년 문민정부 출범으로 사정 정국이 몰아닥쳤다. 로비자금을 둘러싼 율곡사업 비리의 주범인 주모 씨는 해외로 도피했고 인터폴에 적색 수배된 상태였다. 주씨는 필리핀에 도피 중이었다가 세상 소식이 궁금해 위조 여권으로 홍콩에 입국을 시도하다 검거되었다.

검거 직후 주 씨는 필리핀 여인과 혼인 관계임을 주장하며 필리핀으로 돌려보낼 것을 요구했다. 나는 총영사를 모시고 홍콩 이민청장을 만나 국내 강제송환을 강력하게 요구했다. 그가 우리 정부에 끼친 피해에 대해서도 상세하게 브리핑했다. 논리정연한 주장에 홍콩 정부도 받아들이지 않을 수 없었고, 주 씨를 한국으로 강제 송환하겠다는 결정을 끌어냈다.

일련의 사건들을 계기로 '일 잘하는 주재관'으로 불리며 교민들과 활발하게 교류했다. 서울에서 출장을 오는 고위 경찰간부들과 친분을 쌓으며 자신감도 쌓여갔다.

3년간 홍콩에 주재하며 중국의 글로벌 슈퍼파워를 절감했다. 중국인들과 돈독한 친교를 맺기 위해 중국어에 도전해 중급 이상의 실력을 쌓았다. 그들과 더욱 활발하게 의사소통을 이어갔고 어느새 그들 사이에 '중국어 잘하는 한국 외교관'으로 통했다.

중국인들과 대화할 때 또렷한 발음으로 때 '저는 중국문화와 역사에 대해 관심이 있습니다(我對中國的歷史和文化有興趣)'라고 말하면서 대화를 시작하면 중국인들은 대개 나에게 관심과 호의를 보이곤 했다.

외국에 나가 생활하며 느낀 것인데, 현지인들은 자기 나라의 역사와 문화에 흥미를 느끼고 공부하려는 외국인에게 관심이 많다는 사실이다. 그 뒤로는 다른 외국인과 대화할 때도 그 나라의 역사와 문화를 대화의 소재로 삼는 것이 여러모로 유용하다는 것을 깨달았다.

홍콩은 잠들지 않는 도시다. 밤늦게 귀가하는 차안에서 바라다보는 휘황찬란한 네온사인 물결, 홍콩에서 가장 높다는 빅토리아 피크(Victoria Peak, 太平山)에 올라 백만불짜리 야경을 내려다 볼 때는 느꼈던 홍콩의 깊고 푸른 밤이 지금도 한 번씩 생각나곤 한다.

매화는 향기를 팔지 않는다

홍콩주재관의 임기를 마치고 귀임한 후 서울종로경찰서 수사과장으로 보임되었다. 1998년 당시 사회 분위기는 김대중 대통령의 당선으로 역사상 최초의 수평적 정권교체가 이루어진 직후라 갖가지 사회적 불만이 곳곳에서 터져 나왔다. 무엇보다 IMF 경제위기로 우리나라는 엄청난 고통이 요구되는 개혁을 강요받고 있었던 상황이었다. 노동개혁에 대한 반발이 곳곳에서 터져나왔다.

광화문 광장 일대가 시위나 집회의 주 무대가 되었고 종로서가 그 책임을 맡았다. 젊은 과장인 나는 수시로 집회 대응에 동원되었고, 또 불법시위 사범 수사를 전담해야 했다. 노동자들이 생존권 투쟁으로 집단적인 요구를 분출하는 것은 민주사회에서 당연하다. 그러나 한편으로는 불법적인 행위 대해서는 응당한 책임을 지는 것 또한 민주시민의 자세다. 그렇지만 나는 노동자들의 불법행위에 대해 최대한 관용적인 수사를 하기 위해 노력했다. 이제까지 한번도 겪어보지 못한 가혹한 노동개혁이었던 만큼 노동자들의 희생이 컸던 것 또한 엄연한 사실이었기 때문이다. 법도 눈물이 있어야 하는 것이라고 믿었다.

당시 종로구 보궐선거에 출마한 노무현 전 대통령이 우리 서에 들렀다. 종로에 출마하게 되었다는 인사차 방문한 것이다. 10여 분간 앉아서 덕담을 건네고 갔는데 언뜻 느끼기에도 순수하고 소탈한 분이라고 생각했다. 말씀하실 때는 억양도 분명하고 시원시원한 성격이 참 좋았던 기억이 난다. 그런데 그때는 푼수가 없어서 더 이상 친분을 쌓지 못한 것이 못내 아쉽다.

종로서 근무를 마치고 경찰청 수사국으로 발령이 났다.
수사국은 전국의 수사경찰을 총지휘하는 곳이다. 경찰은 경찰서 과장급인 경정 고참에서 경찰서장급인 총경으로 승진할 때가 가장 힘들다. 그렇지만 이 시기가 경찰업무를 가장 체계적으로 배우는 기간이기도 하다. 총경으로 승진할 때까지 5년 넘게 경찰청 수사국에서 근무했다.

이때 내가 주력한 것은 전국 수사경찰의 수당 인상 등 처우개선이다. 그 외에도 검찰 파견 경찰관 복귀, 대용감방 이관, 소재수사 폐지 등을 주장하며 임무를 수행했다. 지금으로 말하면 수사권 조정의 준비 단계에 해당하는 일들을 많이 했다. 수사경찰의 전문성을 높이기 위해 다각적인 노력을 기울이던 때다.

경찰서에서 과장으로 근무하건 지방경찰청이나 본청에서 계장으로 근무하건 다 고생하는 것은 마찬가지였다. 대개 경정에서 총경 진급은 7~8년이 소요된다. 고시출신의 경우는 좀 더 빨라지기도 하고 1~2년 늦어지는 경우도 있다. 그런데 내 경우에는 무려 11년이나 걸렸다. 고시 합격자 중 이렇게 경정에서 총경 진급에 오랜 시간이 걸린 것은 내가 유일하다.

내가 종로서에서 경찰청 수사국으로 발령나자 내 앞에는 11명의 고참이 있었다. 그래서 나는 속으로 '아 5년 동안 고생해야 겠구나' 각오했다. 그런데 신기하게도 내 앞에 있던 그 많던 고참들이 승진하거나 아니면 더 승진이 잘되는 부서로 이동하거나 해서 나는 점점 앞순위로 이동하였다. 나는 내 순번을 기다렸다. 그리고 내가 승진할 차례가 왔다. 보직의 중요성이나 근무한 경력이나 뭐로 봐도 내가 승진하는 것은 너무나 당연했다. 승진 당일날에도 경찰청장은 '이번에 5기생이 한명 승진한다'고 기자들에게 말했고, 기자들도 나도 그게 나라고 굳게 믿었다. 5기 중에 총경 승진 대상자는 나밖에 없었기 때문이다. 그러나 2시간 후 발표된 명단에는 내 이름이 없었다.

그때의 망연자실함은 이루 말할 수 없었다. 머릿속이 하얘진다는 느낌을 그때 알았다. 엘리베이터에서 내릴 때 나를 피하는 시선, 그리고 사무실에 들어서자 STILL버튼을 누른 듯 정지하는 사람들...그때도 나는 말이 없었다. 3일간의 휴가를 냈다. 그리고 사무실을 나와 정처없이 거리를 걸었다. 서소문-시청-광화문을 지나고 어디까지 걸었는지 기억도 나질 않는다.

어머니와 형이 놀라서 서울로 올라왔다 우리가족은 강원도로 일종의 피난길을 나섰다. 서울에 있다가는 가슴이 터져버릴 것 같았다. 한겨울 새벽에 월정사를 양말도 신지 않고 오르기도 하고 혼자서 홍천강 휴게소에 쭈그리고 앉아 입에 대지도 않던 담배를 피우며 눈물을 떨구기도 했다. 많은 선배들이 전화를 걸어와 위로하고 격려했지만 전혀 도움이 되지 않았다.

민간기업으로 이적해 버릴까하는 생각도 들었다. 그러나 일찍 경찰을 퇴직해 대기업 간부로 근무하던 선배와의 저녁자리에서 그가 말했다.

"상식아 내가 보기에 니가 제일 잘하는 일은 경찰이다. 어서 심신을 추스르고 임무에 복귀해라"

'임무' 나는 그 말의 엄중함을 알고 있었다. 나는 결국 복귀 말고는 선택의 여지가 없었다.

그 다음날 나는 아무일 없었다는 듯이 사무실로 돌아왔다 그리고 책상 앞에 커다랗게 써붙였다.

棲守道德者 寂寞一時 依阿權勢者 凄凉萬古
'도덕을 지키는 자 일시적으로 적막하나 권세에 의지하고 아부하는 자는 만고에 처량하다.'

나에게 반칙을 해서 순서를 바꾼 사람에 대한 나름의 엄중한 경고였던 셈이다. 그런데 세상일은 알 수가 없다. 몇 년이 지나지 않아 나에게 반칙을 해서 순서를 바꾼 그는 나보다 낮은 계급이 되어 나와 조우했다. 그러나 나는 그와 화해했다. 그리고 지금 그 선배는 나를 응원하는 사람이 되었다.

내 마음을 위로하는 듯한 상촌 신흠 선생의 '동천년노항장곡(桐千年老恒藏曲)'이란 시도 참 좋아했다.

桐千年老恒藏曲 梅一生寒不賣香 月到千虧餘本質 柳經百別又新枝
'오동나무는 천년이 지나도 항상 그 곡조를 간직하고, 매화는 일생을 춥게 살아도 그 향기를 팔지 않는다. 달은 천 번을 이지러져도 그 본질이 남아 있고, 버드나무는 백 번을 꺾여도 새 가지가 올라온다.'

그중에서도 두 번째 구절의 '매화는 일생을 춥게 살아도 향기를 팔지 않는다'라는 대목이 아주 마음에 들었다. 너무 좋아서 서장, 청장이 된 후에도 직원들과 대화할 때 종종 인용하기도 했다.

시련은 나를 더욱 강하고 성숙하게 만들었다. 타인의 아픔에 이해를 넘어 공감하며 그들에게 힘이 되어줄 수 있어야 한다는 사명감이 날로 커졌다.

2005년 1월, 동기생 중 가장 빨리 경찰의 꽃이라는 총경을 달고 강원도 영월서장으로 발령이 났다. 강원도의 아름다운 자연과 순박한 인심을 한없이 누린 아름다운 시절이었다.

부임한 첫날 군수님과 함께 단종 대왕이 모셔진 장릉을 참배하였다. 영월 사람들은 단종을 대왕이라 칭송하며 죽어서 태백산의 산신령이 되셨다고 굳게 믿었다. 그리고 사사되신 단종의 시신을 수습하여 모셨다는 사실에 큰 자부심을 가지고 있다

칠십이 넘은 군수가 사십이 안 된 신임 서장에게 이야기 했다 '서장님 좋은 목민관이 되는 것은 별로 어렵지 않습니다. 영월은 인구가 계속 줄고 있으니 서장께서 모범적으로 가솔을 데려다가 같이 사시면 됩니다'. 나는 그 말을 그대로 믿었다, 며칠 후 읍사무소에 전입신고를 하러가서 '4명 전입 신고합니다'라고 하자 직원은 벌떡 일어서서 읍장을 모시고 나왔다. 인구가 줄고 있는 지방 소읍에 하루에 4명이 한꺼번에 전입신고한 것은 상사

에게 보고할 만큼 이례적인 일이었던 모양이다.

당시는 노무현 정부시절로 수사권 독립이 최대의 경찰 현안이었다. 나는 경찰관들에게 책임감 있는 자세로 수사할 것을 당부했다. 영월에는 검찰지청이 있었기 때문에 일종의 최전선 대치 상태로 긴장감이 역력했다. 어느날 간부들끼리 회식을 하고 있는데 영월지청장이 갑자기 찾아왔다. 그는 검찰의 고충을 호소하면서 이해를 당부했다. '경찰관 여러분 저희 검찰 처지도 좀 이해해 주시기 바랍니다. 저희 검사들은 일이 많아서 집에 갈때도 일거리를 한보따리씩 싸가지고 가야합니다.' 내가 응수했다 '지청장님 그러시면 그 많은 일감 저희들에게도 좀 나눠 주시지요'. 지금 생각해도 회심의 일갈을 했다 싶었다.

수사권 독립 동력을 확보하기 위해 국회의원들을 모셔서 강의를 하라는 지시가 내려왔다. 나는 우리 지역구 이광재 의원을 모시기로 했다. 평창·정선·태백 인근 3개 경찰서 과장급 이상 간부들이 모두 영월서에 집합했다. 이광재 의원은 강의를 마치고 당시 허준영 경찰청장에게 전화로 '이상식 영월서장의 열정과 패기는 알아주셔야 합니다'라고 말했다. 검찰을 의식해 모두가 몸을 사렸지만 나는 검찰을 두려워해야 할 만큼 잘못한게 없다는 자신감이 있었다.

호시절은 빨리 가는 법 화양연화 같은 영월경찰서장 임기는 후딱 지나가 버리고 나는 다시 미래를 설계해야 했다. 그 당시 나의 최대 관심사는 어떡하면 선배들과의 경쟁을 피할 수 있는가 하는 것이었다. 국내에서는 불가능했다. 다시 외국으로 유랑의 길을 떠나야 했다.

대영제국의 심장에서

이번에는 런던의 영국대사관 1등서기관 겸 영사로 파견되었다. 해가 지지 않는 대영제국의 수도 런던은 세계적인 금융 중심지이자 유럽 최대의 도시다. 홍콩에서는 사건이 많았으나 영국은 대체로 단순 폭행이나 절도 사건이었다. 가끔 강력 범죄로 우리나라 사람이 체포되는 경우가 있었다. 감옥에 들어가 있는 우리나라 죄수들을 관리하는 것도 중요한 임무였다.

홍콩에서는 우리나라가 대접받지만, 영국 경찰관들은 한국을 잘 모른다. 유럽의 조그만 나라들보다도 생소하게 본다. 더구나 범죄인인도조약이나 형사사법공조조약도 체결되어 있지 않다. 그런데다가 개인의 프라이버시를 극도로 중요하게 생각하는 나라인지라 업무수행에 어려움이 많았다. 게다가 전임자가 없는 초대 경찰영사라서 어려움이 가중되었다. 결국 나와 협조할 의무가 없는 사람들을 설득해 원하는 바를 얻어 내는 수밖에 없었다. 주요 수단은 전화와 편지였다. 가장 먼저 영국의 전국 경찰관서 전화번호부를 구해 경찰관서의 내부 체계를 파악했다. 그런 다음 전화로 업무를 수행했다.

예를 들어 이런 식이다.

"저는 한국 경찰영사입니다. 런던 날씨는 흐린데 맨체스터 날씨는 어떻습니까?"

"어제 맨체스터 유나이티드 경기에서 뛴 박지성 선수에 대해 어떻게 평가하십니까?"

이렇게 상대방과 충분히 사전교감을 나눈 뒤에 업무와 관련된 이야기를 꺼내는 방식이다.

영국 사람들은 편지를 대단히 주요한 의사소통으로 생각한다. 예를 들어, 옆집에 살던 워렌Warren 할아버지는 자기 집 담장을 수리한다면서 바로 옆에 살던 우리에게 대면이나 전화가 아닌 편지로 그 사실을 통보할 만큼 편지는 영국인들에게 중요했다.

편지는 일정한 표현형식이 있다.

I am sorry for any inconvenience caused. 불편을 끼쳐 죄송합니다.

Feel free to contact me. 언제든지 편하게 연락하십시오.

나는 그들만의 형식에 맞는 영어 작문을 배우려고 과외선생을 둘 정도로 신경을 썼다.

우리나라 여행객들과 교민들은 해외공관에 대한 기대와 요구가 높다. 외국에 나와 있으면 모든 문제를 공관이 다 해결해 줄 수 있는 것처럼 생각했다. 그러나 해외공관의 역할과 권한은 제한되어 있다. 특히 형사사법 분야의 국제협력은 더욱 제한되어 있다. 하지만 할 수 있는 범위 내에서는 교민들과 여행자들의 요청을 최대한 들어주기 위해 노력했다.

홍콩은 대부분이 돈과 관련된 사건이었던 반면, 영국은 인명 피해 사건을 주로 다뤘다.

한인사회를 떠들썩하게 했던 사건이 있다. '영국 유학생 이경운 군 사망 사건'이 그것이다. 유학 중이던 교민 2세가 귀에 이어폰을 낀 채 길을 건너다가 2층버스에 치여 사망한 것이다. 그런데 피해 유가족은 영국의 관계당국을 상대로 사건 조작 및 은폐 가능성을 제기하며 6년째 진실 규명을 위한 싸움을 이어가고 있었다.

사고 경위에 대해서는 그 당시 버스에 타고 있던 목격자들이 단순 교통사고로 진술한 상황이었다. 하지만 유족 측이 이를 받아들이지 않았다. 오랜 시간 이로 인해 양국 간 우호 관계에도 영향을 끼쳐 교민 사회가 분리되고 여론도 좋지 않았다. 복합적인 문제들이 겹치며 악화된 상황에서 처음 부임한 경찰영사에게 골치아픈 문제의 해결이 과제로 주어진 것이다.

나는 먼저 유가족을 만나 요구 사항에 대해 경청했다.
유족 측은 '한국의 의료진이 집도하는 가운데 부검을 해서 밝혀진 사인이 아니면 받아들일 수 없다'라며 강경한 태도를 보였다. 하지만 그 요청은 그리 간단한 문제가 아니다. 영국에서 일어난 사망 사건을 외국 의료인에게 부검을 맡긴다는 것은 주권 침해의 소지가 크기 때문이다.

고민 끝에, '개인이 아닌 국가가 상대한다면 가능할 수도 있지 않을까?' 하고 생각했다. 그래서 한국 국립과학수사연구소에 의뢰해 보기로 했다. 곧바로 영국 내 의료 행위를 승인받을 수 있는 길을 찾아 설득하고 절차를 밟아나갔다.

양국의 입장 차가 있어 승인이 쉽지 않았다. 우여곡절 끝에, 국립과학수사연구소 부검단의 GMC(General Medical Council, 영국 의료위원회) 등록을 인정받는 데 성공했다. 이것이 예외적으로 허용한 유일한 사례가 되었다. 우리에게는 국립과학수사연구소 설립 이래 최초의 해외 파견 민간 부검으로 기록되었다.

이렇게 유족 측의 숙원이던 시신 2차 부검의 길이 열렸다. 상호 긴밀한 협의를 통해 세부 준비 절차가 진행되었다. 긴 터널 속에서 잠자던 사건은 유족이 지켜보는 가운데 시신의 부검을 마칠 수 있었다. 결과는 타살도 독살도 아닌 외부의 충격에 의한 교통사고임이 판명 났다.

그러나 문제는 여기서 끝나지 않았다. 유가족은 납득하지 않았다. 처음 약속과 달리 문제를 계속 제기했다. 도저히 끝날 것 같지 않았다.

국내에서 발생한 단순 교통사고의 경우 상해를 입힌 운전자는 처벌을 피해 갈 수 없다. 업무상과실치사가 적용되어 운전자가 구속되는 경우가 일반적이다. 이것이 바로 법문화 차이에서 비롯된 것이라는 데 생각이 미쳤다. 문제는 상대적인 박탈감일 수 있다고 본 것이다. 부모의 입장에서 내 아들에게 상해를 입힌 운전자가 버젓이 일상을 이어가는 모습을 용납할 수 없었을 것이다. 아마도 이 부분을 유족들이 받아들일 수 없었던 게 아닐까 싶었다. 여기에 배상 관련 문제도 포함되지 않았나 짐작했다.

이처럼 영미법계(Common Law)에 속하는 국가의 경우 우리의 법문화와 많은 차이가 있다. 영국에서 무단횡단하다가 사고가 나면 운전자에게 책임 과실을 돌리지 않는다. 배상 정도도 과태료 수준에 불과하다. 그러니 사고를 낸 운전자가 다음 날에도 일상을 이어가는 모습을 보게 된다면 어떤 피해자가 용납할 수 있겠는가.

정서적으로 나는 이 사건이 단순 교통사고로 인정하지 못하는 유족들의 근저에 깔린 감정을 읽을 수가 있었다. 우리와 다른 법문화가 유족을 위로하지 못한 데 원인이 있다고 느꼈다.

금쪽같은 자식을 아직도 보낼 수 없었던 아버지를 설득해 이제 그만 놓아주자고 했다. 유가족을 기꺼이 만나 설득하는 게 주요했다는 생각이 든다. 비가 오던 날 장례를 치렀다. 안타까운 사건은 그렇게 매듭이 지어졌다. 대개의 경우 권능 있는 사람이 경청하고 공감해 주는 것만으로도 문제 해결의 실마리를 찾을 수 있다는 것도 깨닫게 되었다.

한번은 영국 근해를 항해중이던 우리나라 선박에서 외항선원이 사망했다는 연락이 왔다. 기차를 타고 인근 항구에 도착한 다음 의사를 대동하고 외항에 닻을 내리고 있던 우리 국적선에 올랐다. 다른 방법이 없어 줄사다리를 타고 까마득한 높이의 배로 올라가야 했다. 나는 상관없었지만 같이 동행한 영국인 여의사는 너무 가냘퍼 걱정되었는데 의외로 씩씩하게 올라왔다.

선장과 동료선원들은 사망한 선원이 왜 죽었는지 이유에 대해 아는 바 없다고 했다. 그러나 나는 뭔가 석연찮다고 판단했다. 소지품을 검사했다. 일기장이 수상했다. 날짜별로 쭉 동그라미가 쳐져 있었는데 며칠 전부터 동그라미가 쳐지지 않았다. 옷가지를 꼼꼼히 검사하자 약봉지 같은 것이 나왔다. 나는 영국인 의사에게 보여줬다. 영국인 의사는 그 약이 인슐린이라고 답했다. 죽은 선원은 인슐린을 복용하지 못해 사망한 것이다. 나는 일기장과 약봉지를 보여주며 선장을 추궁했다.

"선장님 경찰영사에게 거짓말하시면 안되는 거 아시죠? 공무집행방해가 될수도 있습니다"
"죄송합니다 저도 그 선원이 당뇨환자인줄은 몰랐습니다"
"그런데 인슐린이 떨어지면 인근 국가에서 응급구호 요청해서 가져오면 되는데 왜 그렇게 하지 않았습니까?"
"죽은 선원이 저희들에게 이야기 하지 않았습니다"
"......."

사망한 선원은 당뇨병 환자임을 숨기고 승선한 것을 들키고 싶지 않았던 것이다. 강제하선될 경우 다음에는 외항선에 승선이 어려울 수도 있으니 영국에 도착해서 약을 먹으면 된다고 생각했던 모양이었다. 당뇨가 그만큼 무서운 병이라는 것을 알았고 그보다 더 먹고 사는 것의 엄중함에 가슴이 먹먹해져왔다.

한국경찰은 제도개선을 위해 외국경찰의 사례를 수집하고자 했고, 1829년 로버트 필 경(Sir Robert Peel)에 의해 창설되어 근대경찰의 효시로 불리는 런던경시청은 늘 그 대상이 되었다. 그래서 이 참에 영국경찰과 사법제도를 체계적으로 공부하고 싶어 야간 대학원 과정에 입학하였다.

영국의 5대 대학 중 하나인 킹스칼리지 런던(King's College London)의 Criminology and Criminal Justice 대학원 MA과정이다. 주경야독의 생활이지만 그만한 보람이 있었다고 확신한다. 5편의 소논문, 2만자 분량의 학위 논문도 힘들었지만 가장 어려웠던 것은 필기시험이었다. 제한된 시간에 영어로 내 지식을 드러내야 하는 것은 내 총체적 역량을 시험하는 것이었다. 오후에 시작된 시험을 다 치르고 다오니 벌써 땅거미가 지고 있었다. 나는 우등(Merit)으로 졸업했다.

영국경찰은 주취자에게 얻어맞을 정도로 약하지도 않았고, 그렇다고 시민을 향해 툭하면 총을 쏴댈 정도로 무섭지도 않았다. 역에서 나와 밤길을 걸어갈 때 저 멀리서 바비 모자를 쓴 흑인 경찰관이 Hello하고 말을 걸어올 때면 왠지 모를 안온감을 느끼곤 했다.

영국에서 일하는 동안 불요불굴의 저항정신을 배웠다. 이들은 두 차례에 걸친 세계대전에서 자유세계를 지켜 냈다. 그 때문에 지금은 쇠락했으나 아직도 영국인들은 자신들이 자유세계의 맏형이라는 자부심이 있다.

제레미 팩스맨Jeremy Paxman의 《English》는 영국인들의 특성을 간파해낸 명저이다. 이 책의 한 장(章)은 제목이 'We happy the few'이다. '소수여서 행복한 우리' 정도로 해석할 수 있겠다. 여기에는 영국인들이 수적으로 열세인 상황을 극복하고 승리한 그들의 자부심이 드러나 있다.

하나의 예로, 2차 대전 당시 영국의 국왕이었던 조지 6세George VI는 프랑스가 나치(NSDAP)에게 점령당했다는 보고를 받고, '이제 말 많은 프랑스인과 다툴 일 없어 속 시원하다'라고 했다고 한다. 이것은 영국 사람들의 유머를 나타냄과 동시에 고립무원, 열세의 형편에서도 절대 위축되지 않는 그들의 정신력을 말해준다.

실제로 1941년 5월, 영국은 풍전등화(風前燈火)였다. 전 유럽이 이제까지 존재했던 것 중 가장 강한 나치의 육해공군 앞에서 무릎을 꿇었다. 1백만 대군이 도버해협에서 영국을 공격할 준비를 하고 있었을 때 미국은 참전할 기미도 보이지 않았다. 수백 대의 독일 폭격기가 영국을 초토화하는 그 절망의 시기에 그 작은 섬나라 국민이 했던 질문은 이것이다.

'우리가 과연 살아남을 수 있을까?'

전 세계가 그것을 물었다. 그때 윈스턴 처칠이 이런 말을 했다.

"우리는 하늘에서도 싸우고 바다에서도 언덕에서도 싸울 것이다. 우리는 절대 항복하지 않을 것이다"

절망에 빠진 영국인들에게 노도와 같은 용기를 주었던 말이다. 그리고 처칠은 자유세계를 수호한 영웅으로 길이 기억되고 있다. 내가 가장 좋아하는 정치인이기도 하다.

순풍에 돛을 달고

2008년 8월에 영국 생활을 마치고 귀국했다. 이후 경찰청 마약지능범죄수사과장, 서울수서경찰서장, 청와대 파견근무를 거친 후 2010년 12월에 경찰의 별이라는 경무관으로 승진했다. 경기경찰청 제3부장, 행정안전부 장관 치안정책관, 경찰청 정보심의관을 차례로 거쳤다.

경무관 3년이 지나고 인사철이 되자 주위에서 내가 승진할 거라는 이야기가 흘러나왔다. 하지만 승진을 늦추고 싶었다. 동기 중 선두 주자로만 가면 되는데, 선배 기수 선두 주자들과 경쟁하고 있었기 때문이다. 항상 스포트라이트를 받는 게 부담스러웠다. 그대로 오래갈 수는 없었고 끝이 보이는 것 같았다.

그러나 세상은 내 마음대로 되지 않았다. 승진하고 싶어도 승진할 수 없는 예가 있는 것처럼, 반대로 승진하기 싫어도 승진해야만 하는 경우가 있다. 2013년 12월 치안감으로 승진해 경찰청 정보국장을 맡게 되었다.

정보국장은 외견상 요직으로 보일지 몰라도 여러 가지로 부담스러운 자리다. 자칫 잘못하면 정치적 중립성 또는 이념적 편향성 시비에 시달릴 수 있는 위치이기도 하다.

나는 정보심의관과 정보국장을 합쳐 2년간 경찰청의 정보사령탑에 있었다. 그동안 정보경찰관 윤리강령을 제정해 정보관들의 정치적 중립성을 강조했다. 국회 출입 정보관들을 전원 교체해 특정 정당과의 유착 가능성 배제 등의 노력을 기울였다.

박근혜 전 대통령 시절의 선거 개입 혐의로 강신명, 이철성 전 경찰청장의 구속 기소 등 일련의 사건을 지켜보며 정보경찰은 폐지하는 게 답이라고 생각했다. 옛날이나 지금이나 이 생각은 변함이 없다. 조직이 있는 한 비슷한 일을 하려는 속성은 유지될 것이다. 아예 폐지되어야 옳다고 보는 이유다. 현재 수행하는 일부 기능은 다른 부서에서 맡으면 된다. 이것이 경찰개혁의 핵심이다.

구속되기 전 대구에서 강 청장을 우연히 만났는데 자신의 앞날을 예감한 듯 심경을 토로했다. 그와 함께했던 당시 정보국장, 정보심의관, 치안비서관을 지낸 간부들이 줄줄이 기소되었다. 다들 경찰에서 이름을 알린 분들인데, 안타까운 일이다.

Aim High!, 대구경찰청장

2014년 9월에 대구경찰청장으로 발령이 났다. 1995.2월 대구를 떠난 지 20년 만의 귀향이었다. 치안책임자로 돌아온 나는 금의환향(錦衣還鄕)한 것이었으나 대구는 너무 많이 쇠락해 있었다. 도시는 활력을 잃고 쪼그라 들어 있었다. 1인당 소득이 27년 동안 광역시도 중 꼴찌를 헤매고 있었다. 끝없는 고향의 쇠락을 지켜볼 수만은 없다는 일종의 연민이 생겼다.

첫 출근을 하자마자 내가 할 수 있는 일을 해야겠다는 생각에 대구경찰부터 쇄신하기로 마음먹었다. 우리가 솔선수범한다면 그 동력이 힘을 얻을 수 있으리라 판단했다. 그래서 대구 전체로 새 희망의 싹을 틔울 수 있길 바랐다.

우선 보이는 것부터 전환해 나갔다. 과자와 담배를 파는 매점을 바리스타를 고용한 현대적인 커피전문점으로 탈바꿈하게 시켰다. 처음엔 장사가 될까 걱정했으나 대성공이었다. 직원들의 문화공간으로 다양하게 활용되며 지역민들에게 소통 창구로도 소소한 자랑거리가 되었다.

그다음 추진한 것이 경찰관들의 마인드 전환이다. 대구경찰청 직원들은 전국 16개의 지방청 중에서 자신들의 순위를 중간 정도인 7~8위로 생각하고 목표를 거기에 맞추고 있었다. 그래서 'Aim High'를 외쳤다. 목표치를 높여 보기로 한 것이다. 삼성라이온즈도 한 번 우승하게 되니 계속 우승하지 않았는가. 우리도 일등 한번 해보자는 프레임을 만들기로 한 것이다. 이를 위해 신상필벌(信賞必罰)이 확실하게 이행되어야 했다.

어느 조직이나 성과를 낼 수 있도록 열심히 일하는 직원에게 보상이 확실하게 주어진다는 인식이 공유되어야 한다. 그래서 무엇보다 직원들의 사기에 가장 큰 영향을 미치는 '인사의 공정성'에 심혈을 기울였다.

또 유공 경찰관들에 대한 표창도 경찰서에 표창을 내려 주는 것이 아니라 지방경찰청 확대간부회의에서 표창을 주었다. 끝나고 나서도 차를 마시며 환담하고 격려했다. 범인 검거 유공자는 직접 전화를 걸어 칭찬했다.

대구경찰청은 오랜 숙원사업이 있었다. 청사 내에 있는 경찰특공대의 독립청사를 갖는 것이다. 특공대는 사격과 폭파훈련을 해야 하고, 경찰견을 보유하고 있는 만큼 독립청사가 필수적이다. 하지만 아무런 대책이나 예산 확보도 없이 17년간 미뤄왔다. 오후가 되면 먹이를 달라고 짖어대는 경찰견 때문에 고통을 호소하는 직원이 많았다. 상황을 파악한 후 특공대 이전을 추진했다. 필요한 예산 확보도 밀어붙여서 최종 합의를 끌어냈다. 지난 해 3선 연임을 끝낸 김문오 달성군수는 '청장님이 힘써주셔서 경찰특공대의 달성군 이전이 잘 끝나 감사하다'고 전화를 해왔다.

칭찬은 고래도 춤추게 한다는 말처럼, 젊은 청장이 의욕적으로 나서는 모습에서 자극받은 것인지 직원들이 움직이기 시작했다. 직원들 사이에서 자신감과 의욕이 발화하고 있음을 느끼면서 고삐를 늦추지 않았다.

마침내 대구경찰청은 내가 재임하는 동안 치안종합성과평가에서 사상 최초로 최고등급인 S등급을 획득했다. 큰 성과였다. 임기 마지막 해인 2015년 초에는 총경승진인사에서 최초로 총경 4명을 배출하는 쾌거도 이뤄냈다.

나름 촉망받는 청장으로서 위상이 높아갈 즈음, 치안정감으로의 승진은 예견된 절차였다. 하지만 개인적으로는 승진을 원치 않았다. 의아할 수 있으나 솔직한 심정이었다. 당시의 정권에서 총수가 되기는 어렵다고 판단했기 때문이다. 현 경찰청장이 경찰대학 출신이므로 연거푸 같은 출신을 임명하긴 어렵다고 보았다. 그렇지만 다음 정부의 초대 청장이 될 확률은 높다고 판단했다.

나는 당시의 정치지형상 다음 정부는 민주당 정부로 넘어갈 가능성이 높다고 보았다. 그리고 그때 즈음이면 내가 경찰총수로 발탁될 수 있는 여건이 성숙되어 있을 것이라고 판단했다. 나는 경찰내부에서 가장 젊고 개혁적인 간부로 인정받고 있었으며 과거 노무현 정부에서도 최기문, 허준영 등 TK출신들이 경찰총수를 역임한 경우가 있었기 때문이다. 그래서 나는 최대한 버티기로 작정한 것이다. 승진운동 같은 것은 전혀 하지 않았으며 오히려 치안감으로 최대한 오래 머물기를 원했다.

그러나 인사가 어디 마음대로 되는 것인가?. 경찰 고위직 인사의 가장 큰 원칙은 지역 안배다. 당시 대구경북에는 나 외에도 치안정감 후보가 있었지만 무슨 기준인지 나는 만 50에 대한민국에 6명뿐인 치안정감으로 내정되었다.

승진이 발표되기 전, 강신명 청장이 내게 전화를 걸어 의중을 물었다.

"승진은 예정된 것 같네만… 자네, 인천과 부산 둘 중에 어디로 가고 싶은가?"

"부산이 안 낫습니까?"

"그래? 서울도 가깝고 인천이 더 좋지 않겠나."

"아닙니다. 저는 부산이 더 좋습니다."

본래 항구도시 부산을 좋아해서 망설이지 않고 부산을 택했다. 한편으로는 대구사람들 자존심도 생각했다. 부산은 대구에 비해 이미 훌쩍 커버렸다는 사실을 인정하지만, 인천은 아니었다. 인구나 경제 규모가 커졌다고 하더라도 대구보다는 아래 도시로 보는 게 사실이다. 그러니 대구 출신의 대구청장을 하던 사람이 승진해서 옮겨가는 도시가 인천이라면 그들의 자부심에 상처를 줄 수도 있겠다는 생각이었다.

결국 이 선택의 결과로 엄청난 굴곡을 겪었지만 나는 지금도 내 선택을 후회하지 않는다.

야구는 롯데 소주는 시원소주! 부산경찰청장

2015.12월 말 나는 항도 부산의 치안책임자로 발령되었다. 부산은 그때나 지금이나 내가 제일 좋아하는 도시이다. 바다의 영향으로 겨울에 따뜻하고 여름에 시원한 기후, 산과 바다 강이 어우러진 자연, 그리고 무엇보다 화끈한 사나이들의 기질이 나는 제일 마음에 들었다.

나는 부산사람들과 스스럼없이 어울렸다. 폭탄주로 러브샷을 하고 부산 갈매기를 외쳤으며 "제가 대구경북 출신이지만 부산에 있을 동안 만큼은 야구도 롯데를 응원하고 소주도 시원소주를 마시겠심더"라고 너스레를 떨었다.

마침 부산-포항간 고속도로가 개통되어 해운대에서 어머니가 계신 본가와는 한시간이 채 걸리지 않은 거리였다. 고속도로 순찰대원이 어머니 집에 가서 우유을 얻어마시고 온 적도 있다고 들었다. 바다와 수영강이 바로 내려다 보이는 27층 관사에서 바라보는 경치는 100만불 짜리라고 여겨졌다.

부산경찰청장 시절 나는 '기본으로 돌아갈 것'을 강조했다. 그리고 경찰의 가장 기본적인 임무는 "시민의 생명과 안전을 보호하는 것"이었다. 그리고 그렇게 하기 위해 리더로서의 임무에 충실하고자 했다.

나는 리더의 가장 기본적인 책무는 비전을 제시하고 동기를 부여하며 신상필벌을 공정하게 하는 것이라고 보았다. 나는 내 스스로가 봉사자가 되는 'Servant Leadership'을 내세웠다. 내가 직접 시민들에게 봉사하는 것이 아니므로 나는 1만여명의 부산경찰관들을 잘 모셔야 그들이 350만 부산시민을 잘 모실 것이라는 게 요체였다.

경찰은 일종의 서비스업이다. 그리고 서비스업의 질은 서비스 제공자의 업무만족도에 의해 결정된다고 생각했다. 내가 아는 한 CEO가 경영하는 호텔은 십 년 가까이 최고 평가를 받았다. 언론인터뷰에서 그는 자신이 제일 심혈을 기울인 부분은 바로 '직원들의 자기 만족도였다'고 말했던 것이다.

나는 내가 직접 영향을 미치고 소통을 할 수 있는 범위 즉 지방청 간부들과 경찰서장 등 100여명을 내가 봉사할 대상이라고 보았다. 그래서 이들

의 사기앙양을 위해 최대한 노력했다

당시 조직문화는 아직 전례를 답습하는 부분이 많아 기관장의 스타일에 의해 크게 좌우되던 시절이었다. 중요하지도 않은 일로 우리끼리 괴롭히는 일이 비일비재했다. 나는 불필요한 보고절차, 구시대적인 업무절차 등을 개선하는 일에 힘썼다. 대구에 이어 부산에서도 구식 매점을 없애고 신세대식 카페를 열었다. 거기서 한 번씩 음악회도 하고 그랬다.

〈청장으로서의 만족도는 부산경찰청이 우리나라에서 최고라고 자부한다〉

부산경찰은 상사에 대한 복명심이 높기로 정평이 나 있었다. 다소 불합리한 지시에도 잘 순응한다는 뜻이리라. 그러나 나는 최대한 직원들의 자부심을 높이고 사기를 앙양하는 일에 힘을 쏟았다. 나는 자부심 높은 사람들이 일도 잘하고 부정부패에도 쉽게 흔들리지 않는다는 사실을 알고 있었다.

서울경찰청이나 경기경찰청이 업무적으로는 더 중요할지 모르지만 나는 청장으로서의 만족도는 부산경찰청이 우리나라에서 최고라고 자부한다. 경찰의 위상 또한 우리나라 어느 도시보다 높았다. 나는 부산이 좋았고 부산경찰청을 사랑하게 되었다.

그러나 호사다마라고 했던가? 호시절은 오래가지 못하는 법이다. 어느 날 예기치 않은 위기가 찾아왔다. 설날이라서 일가친척이 함께 식사하고 나오는 길이었다. 화기애애한 분위기에서 계단을 내려서는데 갑자기 층계가 두 개로 겹쳐 보였다. 순간적으로 휘청이는 나를 발견한 가족들이 깜짝 놀라 인근의 대형병원에 데려갔다. 곧바로 입원 수속을 밟고 진료받게 되었다.

엑스레이를 찍어보니 뇌혈관 쪽에서 부푼 꽈리 모양이 관찰되었다. 의사가 단번에 '코일 색전술'이라는 시술이 필요하다고 했다. 뇌를 여는 외과 수술은 아니라도 신경을 잘못 건드리기라도 하면 최악의 경우 반신불수가 될 수도 있다고 했다. 아마도 앓고 있던 신장 다낭종이 영향을 미친 건 아닌가 하는 생각도 했다. 시술하기 전날 나는 온갖 생각으로 잠을 이룰 수 없었다.

'열심히 살아온 내게 왜 이런 일이 생기나.'

"청장님, 일 나기 전에 발견한 걸 다행으로 아이소. 혈관 풍선이 터지면 보통 즉사하거나 반신불수라 안 합니까."

주치의의 위로에 우울한 생각을 떨쳐보기로 했다.

'내 운을 한 번 믿어보자. 머릿속에 이런 폭탄을 갖고도 터지기 전에 병원으로 오게 된 건 아직 나에게 할 일이 남았기 때문이리라.'

그러자 기분이 새로워지며 긍정적인 생각이 들어왔다.

'내일 다시 눈을 뜬다면, 그 어떤 두려움이나 근심 걱정 모두 내려놓으리라.'

각오가 새로워진 덕분인지 수술도 순조로웠다. 며칠 치료 결과로 별다른 후유증 없이 말끔한 상태라고 했다. 홀가분한 마음으로 퇴원을 준비하며 창밖을 내다보았다. 눈 덮인 백양산 봉우리가 그렇게 아름다울 수가 없었다.

퇴원 후 첫 출근 하던 날에는 감회가 새로웠다. 수영강의 물비늘이 햇살에 반짝이는 모습에서 한없는 따사로움이 느껴졌다. 그건 어떤 은혜로운 손길이 내 머리를 쓰다듬는 것 같은 포근함이었다.

이전보다 훨씬 활기찬 생활을 이어 나갔다. 직원들과 허물없는 스킨십도 하며 소통했다. 관내 행사에도 부지런히 참석했다. 건강하게 활동하는 내 모습에 지인들도 염려를 내려놓았다. 경찰 내부에서 자연스럽게 차기 경찰청장 후보로 오를 즈음, 경찰청장 인사시기가 다가왔고 나는 자연스럽게 차기 청장으로 거론되기 시작했다.

예고된 그러나 갑작스럽고 석연찮았던 결말

그러다가 스쿨폴리스 사건이 터져나온 것이다. 그 일에 대해서는 앞에서 상세하게 설명했다.

어쨌든 나는 나이 오십에 청춘을 바친 경찰을 떠났다. 그런데 나의 때 이른 퇴직은 갑작스럽긴 했으나 전혀 예기치 못한 것은 아니었다. 우선 경찰의 인사제도상 경무관 승진 이후는 경찰의 잔여 재직 기간 평균이 5.5년에 불과했다. 그래서 나도 경무관, 치안감, 치안정감으로 점점 올라가면서 내 경찰인생의 종점이 다가오고 있다는 것을 예감하고 있었다. 더욱이 강신명 전 경찰청장이 같은 TK 출신이고 경찰대학 선후배간이어서 내가 경찰총수가 되기에는 불리한 상황이었다.

그럼에도 불구하고 내가 그렇게 갑작스럽게 경찰을 떠난 것에 대해서는 석연찮은 점이 많다. 부하들의 잘못에 책임을 지고 부산경찰청장을 그만두는 것에 대해서는 아무런 이의가 없으나 경찰직 자체를 의사에 반해서 그만두어야 할 상황은 아니었기 때문이다. 그 배경으로 짐작되는 몇 가지

정황에 대해서는 앞에서 이미 언급한 바 있으므로 재론하지 않겠다.

내 입장에서 가장 억울한 것은 경찰대학 포함 31년 6개월 동안 책임과 명예를 지고의 가치로 알고 봉사하고 헌신하며 조직의 자존심을 지키기 위해 노력해 왔건만 정작 국가와 권력은 내 명예와 자존심을 헌신짝처럼 버리고 아스팔트위에 패대기 쳤다는 사실이다. 모르는 사람들은 내가 무슨 비리나 말 못할 이유로 경찰을 그만둔 줄 알기 십상이었기 때문이다. 그러나 나는 나이 삼십부터 언젠가는 청문회에 설 것이라고 생각하며 본능과 욕망을 자제하며 살아왔다. 이제까지 어떠한 개인적인 비리나 구설수에 연루된 바 없다고 자신한다. 명예를 최고의 가치로 알던 나에게 나의 갑작스런 퇴임은 씻을 수 없는 불명예로 다가왔다.

이점은 어머니에게도 마찬가지였던 모양이다. 가난해서 그렇지 똑똑하고 반듯한 아들을 두었다는 자부심으로 살아가는 어머니에게도 이것은 무지막지한 충격으로 다가왔다. 어머니께 '경찰 그만두게 되었다'라고 말씀드렸더니, 어머니는 딱 한 마디만 말씀하셨다.

"그 사람들 참 매정한 사람들이네."

평생 남에게 싫은 소리 한 번 하신 적 없는 우리 어머니의 이 한마디가 비수처럼 내 가슴에 와 박혔다.

하긴 내가 잘못한 것도 전혀 없지는 않다. 사람은 좀 부들부들하고 바람이 불면 좀 누울 줄도 알고 그래야 하는데 나는 그렇지 못했던 모양이다. 나와 제일 친한 형은 내가 경찰을 그만두고 나서 한참 후에 나에게 의미심장한 말을 했다. "상식아 내가 경찰청장 했던 여러 선배들과 만나봤는데 공통점이 있더라. 너는 애초부터 경찰총수는 될 수 없었는지도 몰라"

형의 지론은 내가 경찰총수까지 올라가기에는 너무 강직하고 곧다는 것이었다. 바람이 불면 부는 대로 고개를 숙여야 하는데 뻣뻣이 고개를 쳐든다는 것이다. 맞는 말이다. 그러나 그것이 잘못된 것은 아니지 않는가. 원칙과 소신을 지키는 것은 설사 좀 뻣뻣하게 보이더라도 그것이 잘못은 아닌 것이다. 이처럼 나의 인생 1막의 빠른 결말은 예고된 것이긴 했으나 너무 갑작스러웠고 또 석연찮은 것이이었다. 그러나 그것이 내 잘못은 아니었음은 분명하다

그래서 나는 퇴임식에서 고개를 들고 어깨를 펴고 당당하게 말했다.

I will be back soon.

그리고 그 시간은 예상보다 빨리 왔다.

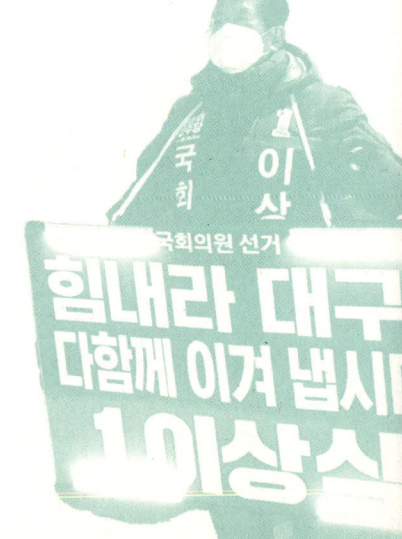

4장 | 소신

내 몸에는 파란 피가 흐른다

타오르는 촛불, 역사와 시대에 대한 성찰

세상은 모를 일이다. 내가 경찰을 그만둔 지 두 달 만에 세상은 격변하기 시작했다. 최순실 국정농단이 불거져 나온 것이다. 처음에 나는 반신반의했다. 설마 그럴까. 그러나 설마는 사실로 드러났다. 국민이 대통령에게 위임한 권력을 일개 사인(私人)이 자기 이익을 위해 마음대로 휘두른 것이 백일하에 드러난 것이다.

우리나라 국민이 어떤 사람들인가? 힘없고 무지한 백성들인 것 같지만 이미 우리는 이승만, 박정희, 전두환 등 독재정권을 시민의 힘으로 몰아낸 자랑스런 역사를 가진 위대한 시민들이다. 이번에 시민들의 분노는 주권재민이라는 절대적 헌법가치를 내팽개친 무능하고 부패한 정권으로 향했다.

몽고의 명장 툰엔쿠크(暾欲谷)는 '성을 쌓은 자는 망하고, 길을 내는 자는 흥한다'라고 했다. 그 어떤 철옹성도 결국에는 무너진다는 것이다. 무너질 성들을 쌓는 자들이 있는가 하면, 누군가는 길을 만든다. 박근혜 정권은 그들만에 의한 그들을 위한 밀봉의 성을 쌓다가 시민의 힘으로 허물어지기 시작했다. 촛불혁명이 시작된 것이다

내가 마음속으로 원망하던 사람들이 차례로 감옥으로 향하는 것을 나는 똑똑히 보았다. 그러면서 어떤 보이지 않는 신의 섭리 같은 것이 작동하는 것 같은 느낌을 받았다. "너무 아파하지 마라, 세상의 모든 일에는 이치

가 있는 법. 잘못된 것은 바로잡히게 되고 앞서가는 것은 뒤로 가고 뒤쳐진 것들은 다시 앞으로 나아갈 것이니." 내 머릿속에는 어떤 존재인지 이런 말을 하고 있는 듯한 느낌에 사로잡힌 적이 한두 번이 아니었다.

우병우도 검찰에 소환되었다. 그는 검찰에 소환되고서도 팔짱을 끼고 거만한 자세로 후배 검사들과 대화하는 모습을 보여주기도 했지만 결국 법의 심판에서 자유롭지 못했다. 나는 그의 오만과 독선이 박근혜정권과 보수세력이 몰락하는 계기를 촉발시켰다고 믿고 있다.

가슴속에 분노와 울분을 달래기 위해 미친 듯이 온 천지를 헤매며 다닐 때 라디오를 틀면 어김없이 심판과 응징의 소식이 들려왔고 그때마다 가슴속에는 무엇인가 뜨거운 것이 용솟음쳤다. 그것이 분노인지 회한인지 환희인지 알 길이 없었지만 나는 내가 다시 세상에 나갈 수 있을 것이라는 예감이 들었다.

그러면서 내 자신을 돌아보게 되었다. 나는 누구인가 나는 어떻게 살아왔으며 어디에 있는가.

열심히 살았고 성실히 살았다. 남에게 피해를 주지 않기 위해 노력했다. 살아온 삶의 태도는 스스로도 인정할 만 했다. 그러나 무엇을 위해? 이 부분에서 나는 자신이 없어졌다. 내가 열심히 산 것은 일신의 입신양명이라는 개인적이고 세속적인 가치의 추구를 여전히 못 벗어나고 있었기 때문이다. 가난한 농부의 아들로 태어나 스스로의 힘으로 운명을 개척하기 위해 노력해 왔고 상당부분 성취도 있었다. 그러나 그것은 아직은 개인 또는 가족의 이익에 부합하고자 하는 욕망에 머무르고 있었던 것에 다름 아니었다.

그리고 나는 국정농단과 탄핵정국에서 뚜렷이 보았다. 공공을 가장한 개인적 욕망과 탐욕의 추구가 종내 가져온 결과는 공동체의 절망과 재앙 그리고 파멸이라는 것을.

나는 부산에서 머릿속에 부풀어오른 혈관이 터지지 않고 내가 살아있는 것과 혼란의 와중에서 나락으로 떨어지지 않은 것, 나를 쫓아낸 권력이 무참하게 허물어지는 모습, 변화를 갈망하며 타오르는 촛불 사이에서 연관성과 의미를 발견하고자 했다. 그리고 한창 나이인 오십에 새로운 선택의 기로에 서게 된 나 자신을 대입했다.

내 가슴이 뛰기 시작했다. 그리고 오래지 않아 남쪽에서 사자(使者)가 찾아왔다.

정치를 시작하다

2017년 2월말 부산의 국회의원 한분이 찾아왔다. 그는 나에게 정치 입문을 권유했다. "청장님에게 민주당의 DNA가 있는 것을 알고 찾아왔습니다. 어차피 인생 2막 새로 시작하셔야 하는 것, 저희들하고 화끈하게 한번 시작해 보입시더." 불감청고소원이란 이런 때 하는 말인가. 이때도 나는 짧게 "알겠습니다. 그렇게 하겠습니다"고 대답했다.

2017년 3월 10일 탄핵사건에 대한 선고가 있었다

당시 나는 어머니를 모시고 신촌 치과에 가 있었는데 병원에 텔레비전이 없어 텔레비전을 찾아 한참을 헤맸다. 처음에는 기각될 듯한 내용이 계속 흘러나왔다. 나는 몹시 불안하고 초조해졌다.

"피청구인 대통령 박근혜를 파면한다."

헌법재판소는 박근혜 대통령 탄핵심판청구를 재판관 8명 전원 일치로 인용했다. 그날 밤 나는 오랜만에 친구들과 통음했다

3월 초 부산에서 문재인 대통령을 만났다. 그는 경상도 중년 남자의 보편적 정서를 지닌 분으로 느껴졌다. 북콘서트를 하면서 으레 하는 세리머니를 부담스러워하는 모습을 보았다. 그때 느꼈다. '아, 이분은 본래부터 정치를 할 분이 아니다. 시대가 그를 불러낸 것이다.'
다음날 국제신문 1면 톱 제목은 '이상식(전 부산경찰청장)도 문재인 캠

프로'였다.

　얼마 후 나는 문재인 대통령 후보 부산지역 공동선대위원장으로 영입되었다. 부산지역의 보수층을 포용하기 위한 카드였던 셈이다. 그러나 부산에 오래 있을 수는 없었다. 대구로 와야 했다. 그래서 김부겸 선배에게 나를 빨리 대구로 불러 달라고 재촉했다.

　당시 대구는 문재인 후보의 선대위가 구성되어 있지 않았다. 경선에서 문재인 후보가 승리하고 나서야 선대위가 구성되었다. 무대를 부산에서 대구로 옮겨 민주당 문재인 대통령 후보 대구 공동선대위원장이 되었다.

　2017년 봄은 아주 절박했다. 문재인 후보 진영에 가담한 이상 문재인 후보가 대통령이 되지 못하면 펼치려던 날개를 영영 다시 접어야 하는 상황이었다. 소위 말해 기업이나 로펌에 가서 월급쟁이는 할 수 있을지 몰라도, 공적인 일에 종사할 기회는 다시 주어지지 않을 것이라는 생각이 들었다. 수십 년 전의 행정고시 합격 발표를 기다리던 당시보다 더 긴장되었다. 고시는 여러 번 볼 수 있지만 이런 기회는 여러 번 오는 게 아니기 때문이다.

　공식 선거운동 첫날인 2017년 4월, 문재인 후보가 제주에서 선거유세가 예정되어 있었다. 그런데 그날따라 하늘이 흐리고 바람이 많이 불었다. 잠시 하늘을 올려다보면서 '저 양반이 제주를 무사히 다녀와야 할 텐데' 하고 걱정했다. 그리고 한순간 웃음이 나왔다. '내가 지금 무슨 생각을 하고 있나?' 당시 그만큼 절박한 심정이었다.

〈2017년 3월 부산에서 문재인 대통령후보와 함께〉

인내와 기다림 끝에 활짝 웃을 수 있었다. 우리의 승리였다. 선거가 끝나고는 친구들과 지인들을 찾아 전국을 유랑하면서 시간을 보냈다. 그러던 중 총리실에서 연락이 왔다. 민정실장으로 임명되었다는 것이다.

총리실에서 국정을 경험하다

출근하는 첫날 이낙연 총리는 부임신고 자리에서 "민정실장은 김부겸 행안부 장관의 추천으로 들어오게 된 것 알고 계시오?"라고 말했다. 대구에서 김부겸 선배님은 상임선대위원장, 나는 공동선대위원장이었다. 참으로 고마울 따름이었다. 다른 정치인들과 달리 그는 내게 전혀 내색도 생색도 내지 않았다. 그는 정치선배가 아니라도 형님으로 모시고 싶은 분이다.

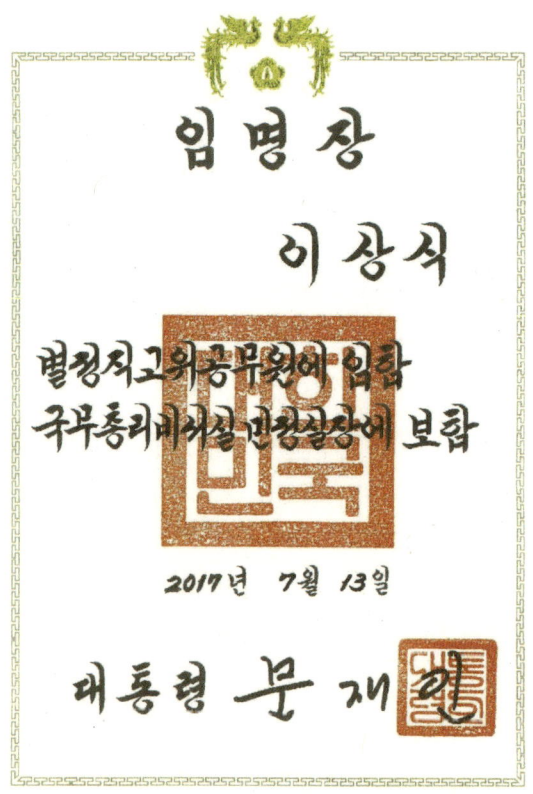

〈국무총리비서실 민정실장 임명장〉

10개월 만에 복귀한 공직은 온실처럼 포근했다. 민정실장은 총리의 눈과 귀가 되어야 하는 역할이다. 총리실이 나아가야 할 방향을 제시하는 이른바 방향타로써 임무를 수행하는 것이다. 나는 경찰 재직 시 정보심의관과 정보국장을 연달아 맡았던 정보통이다. 그 당시 형성된 인적 네트워크가 그대로 살아있어 민정실장 역할 수행에 별 어려움이 없었다. 총리실은 정치 부서이면서 함께 각 부처의 '컨트롤 타워' 역할을 하기 때문에 큰 틀에서 행정부를 들여다볼 수 있는 장점이 있었다.

총리실 근무때를 생각하면 2가지 에피소드가 생각난다.

백남기 농민 사망 1주기 메시지

2017년 가을 해외순방을 나간 대통령을 대신해 총리 주재로 국무회의가 열렸다. 마침 백남기 농민 사망 1주기였다. 총리는 대국민 메세지를 내고 싶어했다. 공보실장이 있었지만 민정실장인 내가 작성 책임을 맡았다. 당시 의전비서관은 나더러 보고서 채택률이 가장 높다면서 어려운 사안에 대해 내가 보고해 주기를 바랬을 정도였으니까.

나는 오랜만에 야근을 했다. 사무실에 들어가 밤늦게까지 고심하면서 나름 경찰을 상당한 수준으로 질책하는 메시지를 작성해 총리공관으로 보내드리고 귀가했다. 그러나 다음날 아침 회의에서 총리는 처음이자 마지막으로 나를 호되게 질책했다. 총리는 꾸지람을 하면서도 존대말을 쓰는 것이 특징이다. 그게 더 무서웠다.

"민정실장께서는 경찰에 너무 오래 계신 나머지 아직도 경찰에 대한 연민이 너무 깊으신 것 같소."

어투는 점잖지만 실상은 소름이 끼치는 질책이다. 나는 한참 동안 멍하니 있어야 했다. 보통의 직업공무원이었다면 멘붕상태에 빠졌을 것이다. 그러나 나도 나름 산전수전 겪은 터였다. 나는 생각을 가다듬어 내부메일로 총리께 보냈다.

"총리님, 저는 경찰을 그만두고 1년 동안 야인으로 지내다 다시 공직으로 돌아왔습니다. 지금 제가 바라는 것은 문재인 정부의 성공과 총리님을 잘 모시는 것 뿐입니다. 제가 아직 경찰에 대해 애정을 지니고 있는 것은 사실이지만 최소한 지금의 경찰수뇌부에 대해서는 눈꼽만큼도 봐줄 생각이 없습니다.
제가 경찰에 대해 비난 수위를 적절하게 조절하고자 했던 것은 일단 경찰이 중요한 통치의 수단이므로 그들의 사기도 감안해야 한다고 생각했고, 그보다도 더 중요한 것은 자극적인 표현을 사용해 보수언론의 반발을 야기하고 싶지 않았기 때문입니다. 총리님의 전도에도 득될 것이 없다고 생각했습니다."

애초 응답을 기대하고 쓴 메일은 아니었다. 그런데 며칠이 지난 후 내 메일에 대한 총리의 응답으로 보아도 될만한 정황이 있었다

재경 대구경북향우회 간부들을 총리공관에 초청해 오찬을 베푸는 자리였다. 건의사항 청취시간이 있었는데 총리는 요청사항에 대해 꼼꼼히 응답한 다음 이렇게 말했다.

"오늘 여러분들이 말씀하신 사안은 꼼꼼이 검토해 나중에 연락드리도록 하겠습니다. 오늘 말씀하지 못한 사항이 있거나 추후에라도 요청하실 사안이 계시면 여기 민정실장이 대구경북출신이고 그럴만한 깜냥(?)은 되므로 편하게 소통하기 바랍니다."

노무현 전 대통령 취임사

하루는 식사하면서 노무현 전 대통령 취임사 이야기가 나왔다. 당시 대변인이던 총리가 직접 심혈을 기울여 작성하고 당선자에게 보고했는데 피드백이 없어 몹시 초조하고 걱정했다는 것이다. 그런데 막상 취임식에서 본인이 써드린 취임사를 토씨 한 자도 틀리지 않고 읽더라는 것이다. 그 자리에는 장관급인 국무실장과 총리실 간부들이 죄다 있었다. 그런데 모두 듣고만 있는 것이 아닌가? 이런 때는 추임새가 필요하다. 나는 한마디 거들었다.

"총리님 말씀 듣고 있으니 진시황의 친부 여불위(呂不韋)가 생각납니다. 5만 자의 '여씨춘추(呂氏春秋)'를 완성하고 방을 붙여 한 자라도 더하거나 뺄 수 있으면 천 냥을 하사하겠다고 했으나 누구도 그러지 못했다는 고사 말입니다." 순간 총리의 눈빛이 번쩍하는 것을 나는 느낄 수 있었다.

총리를 곁에서 보좌한 지 6개월이 지났을 즈음, 나는 정치를 생각하기 시작했다. 주변에서도 "몸에 어울리지 않은 옷 입고 있지 말고 큰 뜻을 품어라"고 권하기 시작했다. 대구에서도 새로운 인물이 필요하다는 여론이 형성되고 있는 시기였다. 어느날 친구인 모 신문 기자와 통화하는 자리에서 나는 대구시장에 출마하고 싶다는 뜻을 내비쳤다. 그 친구는 눈치가 빨랐다. 다음날 '이상식 민정실장 대구시장 출마 의사 피력' 제목의 큼지막한 기사가 났다. 나는 결심을 굳혔다. 나는 결정하기 전에는 여러 가지로 생각하지만 결단하고 나면 행동이 빠르다.

먼저 되돌아가는 다리를 불살랐다. 기사가 실린 신문을 들고 가서 총리에게 출마의사를 밝히고 일주일 후 사직하겠다고 말했다.

그때 총리가 내게 말했다.

"이 실장이 언젠가는 정치를 하리라고 짐작했습니다. 선거는 모든 것을 쏟아붓는 것입니다. 대구라고 해서 져도 본전이라는 생각은 곤란합니다. 반드시 승리하세요."

노무현, 김부겸을 따르고자 대구로!

공직으로 돌아온 지 6개월 만에 사표를 내고 대구로 내려와 2018년 1월 22일 민주당에 입당했다. 그리고 시장 선거에 출사표를 던지자 대구 민주당 인사들이 나를 반겼다.

"참신한 인물이야. 경륜이나 스펙에서 앞설 상대가 있을까."

"지금껏 대구지역 민주당에서는 볼 수 없었던 커리어야. 정통 관료 출신이니 싸워볼 만하다."

그 당시 속내는 당해의 지방선거에 나가 시장에 당선되는 게 목표는 아니었다. 2020년 치를 총선에 대비해 경험을 쌓고 인지도를 올리는 것이 솔직한 목표였다. 그러면서도 민주당 바람이 불면 잘하면 이길 수도 있겠다는 기대감도 있었다.

내 예상은 반은 맞고 반은 틀렸다
민주당 바람은 불었으나 내부 경선에서 패배했다.

현실정치의 벽은 예상보다 높았다. 4월 중순에 실시한 예비후보 경선에서 1차 경선 당시 2위를 하고, 결선투표까지 간 끝에 임대윤 후보에게 자리를 내주고 말았다. 너무 아쉬운 패배였다. 권리당원 3,660명의 투표에서는 110표 차로 이겼다. 그러나 대구시민 451명이 응한 여론조사에서 150표 차이로 밀리고 말았다.

가장 안타까운 것은 여기서도 원칙에서 벗어난 불합리한 상황을 목격한 점이다. 상대방 후보에게는 노무현 대통령 사회조정비서관이라는 타이

틀을 허용했던 반면, 나에게는 문재인 정부 또는 이낙연 총리라는 말을 사용하지 못하게 한 것이다. 단순히 45대 국무총리 민정실장이라는 표기만 하도록 제한했다. 이것이 결정타였다고 생각된다. 45대 국무총리가 누구인지 시민들이 어떻게 알겠는가.

민주당 선관위에서도 처음에는 모든 후보에게 노무현, 문재인이라고 표기하지 못하게 했다. 그러다가 최고위원회에서 무슨 이유에서인지 장, 차관과 청와대 비서관들에게는 대통령 이름을 사용할 수 있다고 번복한 것이다. 석연찮은 부분이 있었지만 깨끗하게 승복했다.

교사(巧詐)는 교묘하게 표면만을 장식하여 남을 속이고자 하는 것이다. 언뜻 보기에는 그럴듯한 계책이 될지는 모르나 오히려 주변의 반발을 살 수 있다. 반면에, 졸성(拙誠)은 보잘것없어도 정성이 깃들어 있는 것으로 우직함을 표현할 때 쓰이는 단어다. 인생을 살아가는 데는 '교사'보다는 '졸성'이라는 말을 듣는 게 의미가 있다. 남의 눈을 속여 일시적으로 호도할 수 있을지 몰라도 속임수나 사기는 반드시 마각이 드러난다. 그런 점에서 졸성은 서서히 사람의 마음을 사로잡는다. 긴 안목으로 세상을 살아갈 때나 인간관계에서도 필요한 덕목이다.

지금까지 우직함으로 본분을 지켜온 만큼 초심으로 돌아가서 지방선거 승리를 위해 백의종군하겠다는 결심을 다졌다. 개인적으로는 패배였지만 선전했고 아름다웠다고 자부한다. 정치를 시작한 지 불과 석 달 만이다. 그 짧은 기간에 내부 당원투표에서 이긴 것은 대단한 것이라는 주위의 반응에 마음가짐을 더욱 새롭게 했다.

　잃은 것보다 오히려 얻은 게 많았다. 두 차례에 걸쳐 가졌던 방송토론도 큰 경험이 되었다.

　심신을 추스르고 나서 백의종군하겠다고 약속한 대로 다시 거리로 나섰다. 경선에 떨어진 사람이 흥이 날 리는 없다. 그러나 최선을 다했다. 커피와 샌드위치를 사 들고 후보사무실을 방문했다. 후보들의 유세에 합세해서 다시 마이크를 잡았다. 죄다 햇볕에 그을린 깡마른 모습들에서 끈끈한 연대의식이 살아났다.

　2018년 지방선거에서 민주당은 대구에서도 약진했다. 시장과 구청장은 배출하지 못했어도 시의원과 구의원들이 대거 당선되었다. 특히 수성구 의회는 민주당이 제1당이 되었다.

　선거가 끝나자 나에 대한 평가는 더 상승했다. 사람들은 만약 이상식이 민주당 시장 후보로 선출되었더라면 훨씬 더 좋은 승부가 되었을 것이라며 아쉬워했다. 또 선거결과에 깨끗하게 승복하였을 뿐 아니라 열심히 후보들을 도운 점도 당원들에게 어필했다. 각종 모임에서도 사람들이 경선 전보다 더 반겨주었다.

　'선거에 떨어지니 인기가 높아졌다'라며 너스레를 떨었지만, 속내는 아쉬움과 안타까움이 교차했다. 대구에서 민주당이 이만큼 우세했던 적이 또다시 온다는 보장은 아무도 할 수 없기 때문이다.

홍준표와 맞붙은 21대 총선

2년 후 대구 수성을 21대 총선에서는 나, 국민의 힘 이인선, 무소속 홍준표의 3파전 구도가 형성되었다. 대구에서는 유일한 3파전이었다. 원래 수성을 지역구의 현역은 4선의 주호영 의원이었는데 그는 수성갑의 민주당 거물 김부겸을 떨어뜨리려는 미션을 받아 지역구를 이동했다.

따라서 지역에서는 민주당이 대구경북에서 한명이라도 당선된다면 수성을 '이상식'이 될 가능성이 높다고 보고 관심을 가지기 시작했다. 나도 충분히 해볼 만한 선거라고 생각했다.

처음에 가장 힘든 장벽은 조국의 강이었다. 조국 이슈는 보수적인 지역정서에서는 치명적인 것으로 민주당 지지율을 반토막내버렸다. 확증편향의 보수층은 어떠한 설명과 논리에도 요지부동이었다.

그래서 나는 지역의 현안을 이슈화하기로 했다. 대구경북 최대의 명문고이자 나의 모교이기도 한 경신고등학교 이전을 꺼내든 것이다. 경신고는 십수년 동안 대학입시 성적에서 대구경북에서 압도적 1위를 했다 그러니만큼 이슈의 폭발성은 컸다.

나의 논리는 이랬다.

'경신고는 내가 다닐 때도 시설이 좋지 않았는데 벌써 40년이 넘은 노후건물로 학생들의 안전이 우려된다. 또 경신고가 위치한 수성갑은 대륜고, 경북고, 오성고 등 명문이 즐비하다. 원래 그 학교들은 수성을 지역에 있었다. 그러나 그 학교들이 차례로 수성갑 지역으로 이전해 가버리고 수성을 지역에 고등학교라고는 능인고 밖에 없다. 지역균형발전을 위해서라도 명문 경신고 이전이 꼭 필요하다.'

별다른 지역이슈가 없어 허전했던 언론은 대대적인 관심을 보였다. 구정 명절 인심을 경신고 이슈가 독점했다고 해도 과언은 아니었다.

중앙당 공천면접 때 이야기다. 안진걸 위원인 것으로 기억된다.
"이상식 예비후보는 지역활동도 열심히 하고 있고 당선가능성도 상당하다고 생각되는데 무슨 필승 전략이 있습니까?"
나는 대답했다.
"대구에서 무슨 필승전략이 있겠습니까만, 한가지 양해말씀드릴 것은 제가 선거전략으로 내놓은 메시지가 중앙당이 보기에는 다소 불편하더라도 이해해 주시기 바랍니다."

이미 한해 전 2019.1월 "적폐청산 너무 오래한다"라는 기고로 대구의 민주당 지지층 사이에서는 상당한 논란을 불러일으킨 적이 있었다. 20%도 안되는 민주당 표로는 도저히 승산이 없었기 때문이다. 나는 거침없이 외쳤다. 코로나 초기 대구가 진원지일때는 "문재인 대통령이 대구에 오셔서 시민들을 위로하고 격려해야한다." 추미애와 윤석열이 싸울때는 "추미애 장관 낮아지시고 겸손해 지시라." 등등 '쓴소리하는 소신있는 사람'이 되기 위해 노력했다.

홍준표 후보와의 대결도 언급하지 않을 수 없다

홍준표는 그 당시 무소속으로 전국을 떠돌며 지역구를 찾는 중이었다. 대구로 온다는 소문이 들려왔다. 나는 페이스북에 "홍준표 후보, 수성을로 오시라"며 부추겼다. 결국 홍준표는 내 지역구로 왔다.

그와는 2번의 TV토론을 했다. 나는 이인선 후보는 거들떠보지도 않고 홍후보만 공격했다.

"풍패지향(豊沛之鄕: 풍패는 중국 한나라 고조 유방의 고향으로, 왕조의 본향을 일컫는 말)을 찾아 수성을로 오셨다고 했는데 지금이 황제가 통치하는 시대입니까?"

"……"

"대구경제구조 재편이라는 거창한 구호를 내거셨는데 30년간 집권한 여당 시절에 대표를 두 번이나 하셨으면서도 대구에 뭣을 했습니까? 그래 놓고는 이제 와서 무슨 휘황한 그런 공약을 하시는지?"

"내가 대표로 있으면서 한게 전혀 없지는 않아요. 260억짜린가 공장을 세웠는데…"

"문재인 정권 타도라는 현수막을 내거셨던데 대선 때는 TV토론 나가면 5분만에 문재인 박살낸다 해놓고 정작 박살 난 건 홍후보 아닙니까? 그래

놓고 무슨 타돕니까 타도는?"

"……"

"돼지 발정제 등등 언어사용이 그게 뭔가요? 젊은이들 지지 얻으려고 너무 자극적인 언어 사용하시는데 어른이 모범을 보여야 하지 않겠습니까?"

2번에 걸친 TV토론에서 이렇게 몰아붙이자 천하의 홍준표 후보도 밀리는 기색이 완연했다. 토론이 끝나면 지지자들의 격려와 응원이 쇄도했다.

두 번째 토론이 끝나자 홍준표 후보는 씩 웃으면서 말했다.

"이청장, 왜 자꾸 나만 가지고 그래?"

나는 대답했다.

"홍선배님 같은 거물을 상대해야 저도 같이 뜨는 것 아니겠습니까!"

나는 그를 광대끼가 다분한 익살스런 연예인 같은 인물로 보았다. 넉살은 좋고 임기응변은 있었지만 강한 카리스마는 느껴지지 않았다. 혼자 힘없이 걸어가는 뒷모습은 영락없는 늙은이를 연상케했다.

이런 활약으로 홍준표를 거의 따라잡았다는 여론조사결과도 나와 한껏 고무되기도 했다. 그러나 문제는 따로 있었다. K 방역이 성공하면서 분위기가 급반전해 전국적으로 민주당의 압승이 예상되고 있는 것이었다. 그러나 이것은 대구경북에 출마한 우리로서는 재앙과 같은 것이었다. 대구경북이라는 보수의 종가, 심장을 살리기 위해 필사적인 역결집이 일어난 것이다. 유례없이 높았던 사전투표도 효과 별무 였다.
　개표 방송에서 김부겸선배가 주호영에게 20%이상 뒤지는 것을 보고 패배를 직감했다 아내와 나는 TV를 보다말고 일어섰다. 그리고 집에 돌아가자마자 깊은 잠에 빠졌다. 그리고 일어나 보니 세상은 온통 파랗게 변했는데 영남 특히 대구경북은 온통 새빨갛게 칠해져 있었다. 우리가 험지에서 옥쇄하는 덕에 전국적으로는 압승했구나. 나는 이렇게 생각했다.

　나는 삼자구도에서 25.1%를 얻어 나름 선전했다는 평가를 받았다. 그러나 사실 내가 무슨 일에서 꼴등을 한 것은 처음이다. 나는 내심 자존심이 상했다. 대구시민들에게 섭섭하기 그지 없었다. 나는 이때부터 대구를 떠날 생각을 했다.
　패배라고 해서 의미가 없는 것은 아닐 터이다. 험지에서 패배를 각오하고 나선 것은 어떤 식으로도 평가받아야 한다고 생각한다. 그러나 문재인 정부는 그런 부분에서 너무 인색하고 보수적이었다. 노무현 정부 때는 험지에서 출마한 사람들에 대해 배려도 많이 하고 그랬다고 들었다. 이것은 마치 국가가 나라를 위해 헌신한 사람들에 대한 예우와 보훈을 높이는 것과 마찬가지이다. 그래야 위기에 처할 때 국민들이 나라를 위해 헌신할 것이기 때문이다. 정당 차원에서도 다를 것이 없다. 험지에서 고생한 사람들에 대해 배려를 할 때 용기를 내는 사람들이 생길 것이기 때문이었다. 그러나 아쉽게도 문재인 정부는 험지에서 고생한 우리를 불쏘시개 정도로 생각할 뿐이었다.

〈누군가는 해야 할 일을 나는 한다는 자부심으로 빛나던 시절이었다〉

그러나 나는 대구에서의 출마가 의미 없다고 생각하지 않는다. 돈도 많이 쓰고 몸도 많이 상한 반면 아무런 보상도 주어지지 않았지만 나는 후회하지 않는다. 누군가는 해야 할 일 나는 한다는 자부심으로 빛나던 시절이었기 때문이다. 그리고 언젠가 큰 정치를 하려고 나설 때 크게 쓰이리라 믿는다.

대선에서 이재명후보를 위해 활약하다.

어쨌든 21대 총선에서 나는 낙선했다. 대구의 낙선자들은 모여서 서로 위로하는 자리를 가졌다. 우리끼리 "당분간 이순신 장군이 환생하셔도 TK에서 민주당으로는 어렵다"는 자조섞인 우스개를 했다. 일시적으로 완화되었던 지역주의는 다시 공고해지고 있었다. 부산에서도 대구에서도 민주당의 지도는 다시 쪼그러들었다.

나는 깊은 고민에 빠졌다. 노무현 김부겸의 뒤를 이어 TK 험지에서 정치적 활로를 찾는 것도 중요한 가치인 것은 맞다. 그렇지만, 노무현 김부겸과 나는 결정적인 차이점이 있었다.

노무현 대통령의 경우에는 5공 청문회에서 스타로 등장했으며 정치1번지 종로에서 당선되었고, 김부겸의 경우 군포에서 3선을 했기 때문에 이미 유명해져 있었고 기득권을 버리고 험지로 내려간 대의에 대한 공감대가 널

리 형성되어 있었다.

그러나 나는 그렇지 못했다. 2번의 경찰청장과 총리실 근무 경력은 선거에서 큰 도움이 되지 못했다. 거의 무명에 가까운 것이었다. 지역주의 극복을 위해 험지를 내려간 두 분의 경우는 이미 상당한 정치적 자산과 국민적 관심을 등에 업었던 반면 나는 전혀 그렇지 못했던 것이다.

그래서 나는 대구를 떠나 수도권에 자리를 잡기로 했다. 일단 수성을 지역위원장 자리를 유지하면서 서울로 생활근거지를 옮겼다. 그리고 대형 로펌 율촌에 둥지를 틀었다.

로펌에서의 생활은 편하고 달콤했으나 마음은 그렇지 못했다. 골프를 치고 좋은 음식을 먹으면서도 나는 왠지 허전했다. 한 번씩 비바람 몰아치는 광야가 그리워지기도 했다. 이렇게 편하게 살아도 되는 것인가.

그러던 차에 지인 한 분이 진지하게 나에게 물어왔다

"이 청장 정치를 계속할 생각인가"

"물론입니다. 로펌은 생활의 방편일 뿐 내 관심은 온통 정치에 가 있습니다"

"그렇다면 로펌을 옮겨야 할 걸세 지금 로펌은 너무 보수적이라 자네에게 맞지 않아. LKB라는 로펌 들어본 적 있나?"

"……"

금시초문이었다. 알아보니 LKB & Partners는 전형적 강소형 로펌으로 강남의 김&장으로 소문나 있었으며 진보진영의 플랫폼 같은 로펌이었다. 조국, 정경심, 김경수, 김은경, 백운현이 고객이었고, 민주당 공식 자문 로펌이기도 했다. 이재명 경기지사 선거법 위반 사건에서 마지막 대법원에서 무죄를 받아낸 로펌이기도 했다. 나는 솔깃했다. 내심 이재명과 연결되기를 원했는데 기회가 없었던 것이다.

나는 율촌생활 6개월만에 다시 로펌을 옮겼다. 율촌에는 지금도 미안하지만 어쩔 수 없는 선택이었다. LKB는 이광범 대표변호사의 이니셜을 딴 명칭이다. LKB는 우리나라 70~80년대의 고도성장기를 연상케할 정도의 활력으로 넘쳤다. 또 강한 결속력을 지녔다. 가히 진보진영의 플랫폼 로펌이라 불릴 만했다. 나는 새로운 로펌의 활기차고 결속력 강한 분위기가 너무 마음에 들었다.

로펌을 옮기고 나서 2021.5월쯤인가 보다. 대구 지역위원장 간담회에서 이재명 당시 경기지사를 처음으로 만났다. 그는 내 명함을 보자,

"아 LKB에 경찰출신도 계셨네요?"

"고문은 제가 처음이고 들어온지 얼마 안됩니다".

40여분간의 환담에서 그는 내 이름을 두 번이나 거명했다.

"청장을 해보셔서 아시겠지만, 로펌에 계셔서 아시겠지만"

나는 속으로 생각했다.

'마누라가 이쁘면 처갓집 말뚝보고도 절 한다더니 이 분이 우리 로펌을

대단히 고맙게 생각하고 있구나.'

그도 그럴것이 2018년 경기도지사 선거에서의 선거법위반 혐의로 2심까지 유죄를 받았다가 대법원에서 무죄판결을 받아 극적 대반전을 이뤄내 일약 유력 대선후보의 위치에까지 올랐기 때문이다. 그리고 그 과정에서 LKB가 결정적인 역할을 했다.

〈2021년 11월 원외지역위원장 간담회에서 이재명 후보와 함께〉

대선 레이스가 시작되면서 나는 스스로 이재명의 비공식 정보보좌역이 되기로 마음먹었다. 정무보좌기능은 있지만 정보보좌기능은 존재하지 않았다. 나는 정보심의관-정보국장-민정실장을 지내 경찰에서는 내로라 하는 정보통 출신이므로 이 분야에는 나름 자신이 있었다.

2021. 7. 17. 이재명은 출마선언을 했다. 그리고 고향인 안동으로 향했다. 나는 문자를 했다.

"후보님, 안동에 가시면 이희범 전 산자부 장관에게 안부 인사 한 번 하십시오. 지금 안동에 내려와 계신답니다. 장관 출신이기도 하지만 현 서울대 총동창회장이시라 나름 영향력이 있으실 듯합니다".

그리고 전화번호를 드렸다.

두어 시간쯤 후 문자가 왔다

"청장님 이희범장관과 통화했습니다. 고맙습니다."

나는 이것을 앞으로도 이런 일을 계속해 달라는 취지로 알아들었다. 대구와 부산에서 기관장을 했기에 여론주도층을 죄다 알고 있었다. 이재명 후보는 TK출신이지만 일찍 출향해 기반이 약했다. 나는 나의 인적 네트웍을 동원해 이재명 후보를 지원하기 위해 노력했다.

대구지역 언론사 사장 한분은 이재명과 통화 후 내게 바로 보고(?)를 했다.

"이청장 내 방금 이재명 후보와 통화했다."

"뭐라고 했는데요?"

"이상식 청장이 워낙 부탁을 해서 이번에 당신 도와주겠다고 이야기 했지."

"그리고요?"

"더 할말이 없어 이재명 후보에게 이번에 대통령 되면 이상식을 경찰청장 함 시키면 어떻겠습니까? 성격이 시원시원하고 일 잘 할낀데요 이야기 해뿌렸지."

"그러니까 뭐라고 하던가요?"

"립서비스인지 모르겠지만 '그 양반은 그 정도 레벨은 이미 뛰어넘은 것 아닙니까?' 이렇게 이야기 하던데"

경선 선거인단 모집에도 앞장섰다. 주로 대구와 서울의 선후배들이 참여해 주었다. 선거본부에서는 선거인단 모집을 독려하기 위해 헐리우드 영화 '300'을 본떠 선거인단 모집 성적 우수자 300명을 모아 "300"이라는 그룹을 만들었는데 나는 그중에서도 상위계층에 속했다.

민주당 후보 결정 후 나는 이재명 후보에게 어떤 역할이라도 맡겨 달라고 요청했다. 이재명 후보는 내게 미리 이야기해 놓을 테니 법률지원단 단장 이태형 변호사와 소통하라고 말했다. 나는 수사와 법률문제 대응을 담당하는 법률지원단 부단장으로 임명되었다. 단장은 양부남 전 고검장이었다. 윤석열 상대후보의 검증이 우리의 주된 임무였다. 그러나 결국 패배했으니 우리도 임무에 실패한 셈이 되고 말았다. 지금 생각하면 두고두고 아쉬운 대목이다.

선거에 임박해지자 나는 법률지원단에서 활동하는 것은 크게 의미가 없다고 보고 대구에 내려가 지역위원장으로서의 본분을 다하는 것이 더 낫다는 판단을 하고 대구로 내려갔다. 동대구역 앞에 오피스텔을 구해 놓고 본격적인 선거운동에 합세했다. 당시 내 신장 기능을 벌써 임계점에 이르렀으나 나는 개의치 않았다. 대구에서 선거운동을 같이 한 사람들도 내 신장 문제를 알지 못했고 나도 내색하지 않았다.

나는 아침저녁 인사에 하루도 빠지지 않았고 점심 저녁을 모두 지역인사들과 함께했으며 부지런히 열심히 카톡으로 이재명 후보의 지지를 호소했다.

7000명에 달하는 전화번호 입력자들에게 일일이 이름 ○○을 호명하며 지지를 호소했다. 이름을 불러준다는 것은 중요한 것이다. 나는 ○○형님, ○○동생, ○○님 하며 일일이 이름을 거명한 다음 이상식이의 성공을 위해서라도 이재명을 찍어달라고 호소했다.

대구경북은 경주이씨들이 많이 거주하는 지역이다. 하루는 조정식 총괄본부장이 대구에 내려와 경주이씨 종친회 간부들과 자리를 했다. 종친 어르신들의 요구는 한 가지 뿐이었다. 그들은 오로지 "이재명이 대통령 되면 이상식은 어떻게 잘 되는 거냐" 여기에 대한 답변만 줄기차게 요구했다.

조정식 본부장은 결국 "예 어르신들, 이재명이 대통령 되면 여기 있는 이상식 청장 잘 될겁니다"라고 어른들에게 약속했고, 그것으로 회의는 끝났다.

공식선거운동 마지막 날 나는 후보에게 텔레그램을 했다

"후보님 이제 긴 여정이 곧 끝납니다. 수고많으셨습니다. 그리고 오늘 공식 선거운동을 마무리하는 마지막 멘트에 꼭 '윤석열 후보와 지지자들도 모두 수고하셨습니다. 우리는 모두 같은 국민입니다'"는 말씀을 꼭 하시라고 당부드렸다. 후보는 "그렇게 하겠다"고 답했고 방송을 보니 실제로 그렇게 말씀하셨다. 나는 내가 한 제안 때문에 그렇게 했다고는 생각하지 않았지만 그래도 리마인드를 한번 시켜드린 것에 기분이 좋아졌다.

나는 이재명 후보가 대통령이 되면 어떤 직이든 정부에 들어가 이재명 대통령을 모시고 일 하는게 소원이었다. 그러나 세상일이 어디 마음대로 되는가. 우리는 0.73%의 차이로 지고 말았다.

뜻을 이루고자 용인으로

대선 패배로 나는 또 기회를 잃었다. 그리고 지역주의는 다시 심화되었다. 나는 깊은 고민에 빠졌다. 대선 패배의 후유증이 채 가시기도 전에 대구 수성을 국회의원 홍준표가 대구시장 출마를 선언했다. 내 지역구에서 보궐선거를 치르게 되는 것이다. 나는 출마하고 싶었다. 그러나 나의 가장

강력한 지지자들이자 후원자들이 이구동성으로 결연하게 반대했다

"이제 대구에서 최소 10년 이상 민주당으론 안된다. 이상식의 험지 도전은 의미 있는 자산이다. 그러나 지역주의 극복의 역사에 한두 줄 기록되고 사라지기엔 너무 아까운 사람이다"

그들의 반대에는 나에 대한 애정이 그 바탕에 있음을 나는 알 수 있었다.

아무리 뜻이 좋고 큰 들 그 뜻을 이루지 못하면 무슨 소용이 있겠는가? 나는 김구 선생처럼 천하를 덮을 큰 뜻을 품고도 그 뜻을 이루지 못한 역사를 너무 많이 보아왔다. 나는 그렇게 되기 싫었다. 나는 내 안에 꽉 차 발산되기를 기다리는 것들(그것이 염원念願이든 한恨이든)을 그대로 둔 채 사라질 수는 없었다. TK정권이 되었으니 전향하라는 사람들도 있었다. 나는 실소하지 않을 수 없었다.

나는 이 세상을 바꾸기를 원했다. 좀 더 나은 세상 사람사는 세상으로 변화시키기를 원했다. 지역주의도 혁파하고 남북통일도 이루고 이 나라를 위해 일하고 싶었다. 낡은 정치도 개혁하고 싶었다.

무엇보다 윤석열 정권과 싸워 정권을 탈환하고 이재명을 대통령으로 만드는 선봉장이 되고 싶었다. 정치개혁을 이루고 포용과 통합의 정치를 하고 싶었다. 그러나 변방의 원외위원장으로서는 그야말로 외로운 황야의 공허한 외침일 뿐이었다.

〈용인은 나를 비상시켜 줄 등용문이 될 것이다_용인시청에서〉

　내가 내 뜻을 펼치기 위해서는 반드시 제도권으로 들어가야 했다. 국회의원이 되어야 했다. 당선이 가능한 지역으로 옮겨가야 했다.

　마침 나를 눈여겨 보던 용인의 몇몇 형들로 부터 나에게 연락이 왔다. 그들도 정치에 참여하고 정치를 개혁하고 싶었으나 뛸 선수가 없었던 것이다. 우리는 의기투합했다.
　그래서 용인으로 왔다. 용인이 나를 비상시켜 줄 등용문이 될 것임을 희망하면서 용인시장 출마를 선언했다. 그러나 나를 반겨 줄리 만무했다. 환대는 기대하지도 않았지만 그들은 험지에서 나름 헌신한 나를 잡상인 취급

했다. 우리가 모르는 사이 민주당은 너무 오만해지고 너무 기득권화되었던 것이다.

지역위원장 사퇴시한을 3일 넘긴 것이 발목을 잡았다. 구제절차를 성실히 이행했지만 그들은 15건의 비대위 의결사항 중 내 것만 표적으로 부결시켰다. 그 와중에 협조를 구하려고 찾아갔던 어느 국회의원의 냉정한 태도를 나는 잊을 수 없다.

알고도 속고 모르고도 속는다는 말은 이 경우에 해당할 것이다. 석연찮은 부분이 있었지만 어쩔 것인가? 하긴 나에게도 과실은 있었다. 대통령 선거에 져서 멘붕이든 말든 지역위원장 사퇴시한은 지켜야하는 것이었으니까. 그러나 한편으론 이런 생각도 들었다. 공직자 사퇴시한처럼 법률로 정해진 강행규정도 아닌데 우리끼리 왜 이런 것으로 스스로를 속박하는지 알 수 없었다. 점점 관료화되고 경직되어 가는 조직문화에 실망감을 느끼는 당원과 국민들이 많아지고 있다는 사실을 아는지 모르는지.

2018년 지방선거처럼 이번에도 깨끗하게 승복했다. 하긴 구질구질하게 따지고 악을 쓰는 것은 내 스타일이 아니다. 더군다나 당이 어려운 형편에 있음에랴. 그때처럼 이번에도 커피를 사나르기도 하고 찬조연설을 하면서 심란한 마음을 달래려 노력했다.

2022년 상반기는 내 인생 최악의 시기였다. 대선에 지고 지방선거에서는 수모를 당했으며 신장은 최악의 상태에 달했다. 2022. 6. 29. 막내가 기

중한 신장을 이식받기 위해 수술대에 누웠다. 전신마취로 혼미해지는 속에 나는 수술을 마치고 무사히 깨어난다면 제2의 인생이라고 생각하고 최선을 다해 살아야겠다는 각오를 했다.

바닥을 치고 상승하는 운세

수술은 무사히 끝났다. 위험한 시기가 지나고 가을이 되면서 나는 자신감을 되찾기 시작했다. 몸이 좋아지고 가뿐해 지면서 의욕도 샘 솟았다. 나는 추석 무렵부터 활동을 재개했다. 거칠 것 없는 광폭행보를 시작한 것이다. 운이라는게 있는지 없는지 모르겠지만 전체적으로 내 인생의 운도 바닥을 치고 상승국면으로 돌아설 것 같다는 강한 예감이 들었다.

그 첫 징조는 김대중 정치학교에 입학하면서부터 시작되었다. 지역 정치선배의 권유에 이끌려 김대중 정치학교 2기에 들어간 나는 100여명의 동기 중 회장이 되는 행운을 얻게 되었다. 정치학교 동기회장은 그냥 되는 것은 아니다. 여러 가지 요소를 고려해 결정한다. 1기 회장은 비교적 고령에 정치할 분이 아니고 호남 출신이었다. 따라서 2기 회장은 젊고 정치를 할 사람 그리고 영남 출신을 원했던 모양이다. 나는 자연스럽게 회장 후보가 되었다. 그리고 문희상 학교장을 면담하러 가는 날 아침에 일주일 전에 기고했던 칼럼이 한겨레에 실렸다. "오늘에 되새기는 김대중 정신"이라는 제목이었다. 문희상 의장 앞에는 빽빽하게 줄을 친 내 기고가 놓여져 있었다.

김대중 정치학교 2기 회장에 낙점된 것은 말할 것도 없었다.

　나는 김대중을 잘 몰랐다고 고백할 수밖에 없다. 민주당으로 정치를 하면서도 그랬다. 최초의 수평적 정권교체를 이룩한 사람, 최초의 남북정상회담, 억압과 박해에도 불구하고 포용과 통합의 정치를 실현한 사람, 노벨평화상 수상자 정도가 내가 아는 김대중의 거의 전부였다. 김대중 정치학교에 입학하고 나서 김대중을 공부하게 되면서 나는 왜 이분이 우리 역사상 최고의 대통령이라는 찬사를 받게 되는지 알게 되었다. 공부할수록 알아갈수록 김대중은 나에게 커다란 산맥으로 다가왔다.

　나는 김대중 정치학교에 입학한 것을 2022년 내가 제일 잘한 일로 생각한다. 이것을 계기로 나도 잘 모르던 내 안의 내가 발현되어 나왔기 때문이다. 2016년 대구경찰청 국감때 "책임지겠다"는 소신 발언을 하고 난 후 느낀 것과 비슷하다고나 할까.

　축사나 인사할 때 여러 정치행사가 있을 때 나는 거침없이 당당하게 내 소신을 토해냈고 '좋은 재목이 나타났다'는 평가를 받았다. 광주에서 정치학교 3기 입학식때였다. 나는 단상에 올라가 좌우를 돌아본 다음 결연한 어조로 말했다.

　'사람들은 TK가 고향이고 고위경찰간부를 지낸 저에게 왜 민주당이냐고 묻습니다. 저는 민주주의, 민생, 평화의 김대중 정신에 그 답이 있다고 생각합니다' 우레와 같은 박수가 터져나왔다.

정치학교 4기 입학식 때는 축사를 하고 나니 권노갑 고문께서 나한테 연설원고를 달라고 하신 적도 있다. 권노갑·문희상 두분은 나에게 "자네는 김대중 정치학교의 호프다. 꼭 성공해야 한다"며 격려와 응원을 아끼지 않으신다.

김대중 정치학교 4기 입학식 축사

여러분 안녕하십니까?

저는 김대중 정치학교 2기 회장 이상식입니다.

김대중 정치학교 4기 여러분의 입학을 진심으로 환영합니다.

문희상 교장 선생님 존경하고 감사합니다.

늘 건강하셔서 저희들의 영원한 멘토로 남아주십시오.

학교 운영에 늘 노심초사하시는 배기선 운영위원장님,

최고의 강의를 위해 애써주시는 백학순 학술위원장님,

그리고 학교 관계자 여러분의 노고에 진심으로 감사드립니다.

저희 김대중 정치학교는 작년에 1, 2기를 배출한 이래

올해 1월부터 광주전남에서 3기 교육이 진행중인 가운데

오늘 4기 여러분들을 맞이하게 되었습니다.

김대중 정치학교의 기수가 거듭될수록 성황을 이루고
열기가 더해지고 있어 매우 다행스럽게 생각합니다.

4기 여러분,
저는 노무현-문재인은 좀 알아도 김대중은 잘 몰랐다고 고백합니다.
그랬던 저였기에 공부할수록, 알아갈수록
김대중은 저에게 거대한 산맥으로 다가왔습니다.
이제 김대중은 저에게 영원한 멘토요 길잡이가 되었습니다.
선택이 필요한 순간에 닥치면 '김대중이라면 어떻게 했을 것인가'라고 되묻는
것이 하나의 습관처럼 되었습니다.
오늘날과 같은 극단의 시대에 저는 김대중의 화합과 통합의 정신을 주목합니다.
그것은 역사상 유례없었던 IMF 위기를 조기에 극복하는 원동력이자 우리 역
사상 가장 성공한 대통령이 되는 밑거름이 되었습니다.

4기 여러분,

윤석열 정권과 검찰 공화국의 흉포한 칼날이 문재인 정부와 민주당을
정면으로 겨냥하고 있습니다.
번영의 가장 굳건한 토대인 화합과 통합은 아랑곳없이
저들의 실정과 무능을 보복 수사와 야당탄압으로 만회하고자 하는
섬뜩한 적의 앞에 어느 누가 무사할 수 있겠습니까?

그러나 우리는 저들의 폭정과 탄압에 결연한 의지로 맞서 싸워야 합니다.

'토마스 모어'라는 세례명이 말해 주듯 김대중은
순교할 각오로 정치를 하고자 했습니다.
그는 감옥도 죽음도 두려워 하지 않았습니다.
그가 두려워 한 것은 역사와 국민 뿐이었습니다.
유신독재 시대와 다를 바 없는 이 냉혹하고 엄중한 시대를 맞아
우리는 김대중의 양심과 용기를 본받아야 할 것입니다.

'진실한 예수님의 제자가 되려면 예수님처럼 십자가를 지고 가야 한다. 십자가를 진다는 것은 결국 소외되고 고통받는 사람들을 위해 불의와 싸우는 것이고 힘 있는 자들에 대항하는 것이다.
나는 감히 예수 편에 서려 했다.
진정한 용기는 성격에서 나오는 것이 아니라 진리에 대한 헌신에서 나온다.
바른 신앙은 목숨을 걸어야 하고 바르게 산다는 것은 어떤 어려움이 닥쳐도 약자의 편에 서는 것이다.'

김대중 자서전 마지막 부분에 나오는 이 구절은
TK와 경찰 간부 출신인 제가 기꺼이 민주당을 선택한 이유이기도 했습니다.

우리는 지금 큰 위기에 처해 있습니다.

> 그러나 우리가 다시 원래의 가치와 철학을 회복할 수 있다면,
>
> 우리는 다시 위대한 진보개혁 정당으로 우뚝 설 것입니다.
>
> 그리고 그 핵심에는 김대중 정신이 있습니다.
>
> 우리에게는 김대중 정신을 계승 발전시키고 현실정치에서
>
> 구현해야할 막중한 책임이 있습니다.
>
> 김대중이 그랬듯 역사를 믿고 국민을 믿고 두려움 없이
>
> 앞으로 나아가야 할 것입니다.
>
> 우리는 반드시 승리할 것입니다.
>
> 그리고 훗날 과거를 회상하면서
>
> 그 승리의 초석은 바로 이 김대중 정치학교에서
>
> 싹텄노라고 자랑스럽게 술회할 것입니다.
>
> 감사합니다!

두 번째는 방송출연이었다.

나의 가장 큰 약점은 인지도였다. 사람들이 나를 모른다는 것이었다. 대면접촉은 한계가 있었다. 공중전이 필요했다. 방송출연이 답이었다. 그러나 좀처럼 기회를 잡기가 어려웠다. 혼자 끙끙대는 것보다는 주위의 도움을 청하는 것이 좋다고 생각했다. 멀리 갈 것도 없이 내가 몸 담은 LKB의 이광범 대표가 나섰다. 채널A 저녁 시사평론 프로그램 뉴스탑텐에 출연하게 되었다.

나름 준비를 많이 했다. 남·녀 한쌍의 프리랜서 앵커를 초빙해 발성과 토론연습도 했다. 그러나 막상 출연하고 보니 머릿속에 남는 것은 아무것

〈중도층을 설득하겠다는 자세로 방송에 임했다〉

도 없었다. 방송환경에 익숙해 지는 것 밖에 왕도가 없었다. 버벅거리고 헤매는 것은 당연했다. 방송하고 나서 나중에 다시 보면 너무 부끄러웠다.

그런데도 TV조선에서 섭외 요청이 들어왔다. 이번에는 '신통방통'이었다. 나는 신이 나서 좀 세게 나갔다. 노무현 대통령을 비난하는 책을 쓴 이인규 전 중수부장에 대해 '비겁한 사람'이라며 신랄하게 비판했다. 이게 이유가 되었는지 3회 출연 후에 하차하게 되었다.

이번에는 MBN '아침 앤 매일경제'에 출연하게 되었다. 사실 나는 이 프로그램에 출연하는 것이 소원이었다. 그런데 실제로 내가 출연하게 된 것이다. MBN은 중도층이 많이 시청하는 채널이다. 그래서 나도 중도층을 설득하겠다는 자세로 평론을 했다. 우리가 잘못한 데 대해서는 솔직하게 인정했다. 그래야 상대진영의 잘못을 비판할 때 정당성이 부여될 것 아닌가.

TV조선에서 나를 다시 불렀다. '신통방통'과 '사건파일24' 2군데 프로그램에 출연하게 되었다. 출연횟수가 많아지니 조금 관록이 붙는 것 같았다. 방송이 조금씩 편해지기 시작했다. 앵커의 돌발질문에도 당황하지 않는 노련함도 생기는 것 같았다.

방송의 위력은 대단했다. 용인에서는 물론이거니와 서울서도 나를 알아보는 사람들이 생기는 걸 느꼈다. 공중전의 위력이 실감되었다. 처음 만나는 분들도 내 얼굴을 보고는 '어디서 본듯한데'하며 고개를 갸우뚱하곤 하신다. 나에게 기회를 준 분들에게 고마울 따름이다.

주민들과의 직접 대면도 늘려야 했다. 방송활동도 하고 플래카드도 대거 내걸면서 '이상식이 누구냐'는 물음이 늘었다. 직접 나를 보여주는 것이 중요했다. 몇 번의 여론조사에서 나의 경우 인지도와 지지도가 비례한다는 경향이 있다는 것을 보여주었다. 즉 사람들이 나를 알면 알수록 나를 지지하는 확률이 높다는 것을 의미한다. 그래서 나는 어떻게 해서라도 직접 대면의 넓이와 깊이를 확장해야겠다는 생각을 하게 되었다.

나에 대한 기대가 점점 높아져 간다는 것을 느낀다. 건곤일척의 승부. 나는 평생 이런 기회를 갈망해 왔다. 나는 이제 내 안의 모든 힘을 다해 최선을 다하고 하늘의 뜻을 기다릴 것이다.

5장 | 가치

어떤 정치를 할 것인가?

인간의 생명과 존엄이 최고의 가치여야 한다

세상에서 가장 중요한 것이 인간의 존엄이다. 인간의 존엄은 인명을 절대의 가치로 여길 때 지켜질 수 있다. 보수정권과 민주진영은 여기에서 결정적인 차이를 보이는 것 같다.

이승만, 박정희, 전두환의 시대로 회귀할 것도 없다. 박근혜 정권의 세월호까지 갈 것도 없다. 생때같은 159명의 목숨을 앗아간 이태원 참사에 대한 윤석열 정권의 태도에서 보수정권의 생명 경시 풍조는 적나라하게 드러난다. 국가안전시스템이 총체적으로 실패해 국민의 소중한 생명을 희생시킨 데 대해 누구 하나 책임지지 않고 사과하지 않았다. 나는 분노했다.

용산서 경찰관의 죽음...그리고 진짜 잘못한 사람들

서울 용산경찰서 전 정보계장이 극단적 선택으로 세상을 떠났다. 이태원 참사에 대한 경찰청 특별수사본부(특수본)의 수사로 인한 심리적 압박감 때문이라는 견해가 나온다. 안타까운 일이다. 누가 이 경찰관을 죽음에 이르게 했는가.

그동안 대통령실과 정부 여당은 이태원 참사의 책임을 경찰의 잘못으로 몰아왔다. 특수본 수사가 시작된 지 좀 지난 지금에서도 수사는 일선 경찰과 소방 쪽에 집중됐다. 반면 재난 안전 주무 부처인 행정안전부와 서울시에 대해서는 여전히 법리 검토 단계라면서 미적대고 있다.

국가와 행정안전부 그리고 지방자치단체야말로 재난과 국민 안전의 책임자다. 그럼에도 박희영 용산구청장은 거짓말만 하고, 오세훈 서울시장은 눈물만 흘리고, 이상민 행정안전부장관은 여전히 당당하다. 그와중에 윤석열 대통령은 격노만 한다.

물론 참사의 일차적 책임은 경찰에 있다. 여기엔 변명의 여지가 없다. 112는 절박하게 도움을 청하는 시민들의 호소를 외면했으며, 촘촘하다던 경찰의 예고정보망도 전혀 작동하지 않았다. 보고와 지휘 체계도 엉망이었다. 현장에서부터 수뇌부까지 임무 수행에 실패했다.

그러나 과거의 경찰과 지금의 경찰은 다른 조직이 아니다. 월드컵 응원, 촛불집회 등 수없이 많았던 대규모 군중을 문제 없이 관리해왔던 경찰이었다. 매년 있었던 핼러윈 축제, 얼마 전에 있었던 대규모 이태원 지구촌문화축제도 무사하게 넘겼던 경찰이었다. 그런데 왜 이번에는, 이태원에서는 이렇게 참혹한 결과를 만들어 냈는가. 누가, 무엇이, 이태원에서 경찰을 이렇게 지리멸렬한 조직으로 만들었는가.

대규모 재난은 개인의 힘으로는 대응할 수 없다. '시스템'이 체계적으로 작동해야 한다. 현장 경찰관은 그 시스템 안에서 작동하는 한 부분일 뿐이다. 그런

점에서 현장에 배치된 경찰관들에게 책임을 과하게 묻는 지금의 분위기는 분명하게 문제가 있다. 현장에는 고작 137명의 경찰밖에 없었고, 이중 절반가량은 마약 수사를 위해 배치된 것이라고 한다. 소방관들이 그랬던 것처럼 현장 경찰관들도 참사를 막기 위해 그리고 인명을 구하기 위해 주어진 환경에서 최선을 다했다.

진짜로 잘못한 사람들은 이제까지 잘 작동되던 재난 대응 시스템을 망치게 한 자들이다. 누가 '안전 대한민국'을 책임져왔던 경찰과 국가의 시스템을 망가트렸는가. 그들은 현장에 있었던 경찰과 소방이 아니라 그 참사 현장엔 없었던 '높은 분'들이다.

우선 윤희근 경찰청장을 비롯한 경찰수뇌부를 비판하지 않을 수 없다. 그들은 뻔히 예견된 위험에도 대비하지 못했고, 제때 보고를 받지도 못했다. 뿐만 아니라 제대로 지휘를 하지도 못했다. 그러면서도 '읍참마속'을 운운하면서 책임을 부하들에게 돌리는 모습을 보였다. 그는 조직의 잘못과 본인의 불찰에 대해 책임을 지고 자진해서 물러나는 것이 옳았다. 경찰청장이 사건 초기 책임을 통감하고 물러났더라면 현장 경찰관들에게 이토록 가혹한 일이 벌어지지 않았을 수 있다고 본다. 김광호 서울경찰청장과 이임재 전임 용산경찰서장은 더 말할 것도 없다

그러나 경찰 수뇌부보다 더 책임이 큰 사람은 이상민 행안부장관이다. 그는

중앙재난안전대책본부장으로서 재난 대응의 국가 사령탑의 위치에 있다. 게다가 경찰을 지휘할 권한도 겸하고 있다. 거센 반발에도 불구하고 기어이 경찰국 설치를 관철하고, 스스로 경찰에 대한 지휘·통제의 권한을 자임하지 않았나? 권한이 커지면 책임도 커진다. 그에겐 경찰국 설치를 강행해 수많은 경찰관들의 사기를 저하시킨 '혐의'도 추가된다. 사기가 저하된 조직이 무슨 일을 제대로 할 수 있겠는가. 그가 물러나야 할 이유는 차고 넘친다.

대중 앞에서 경찰에 화를 냈던 윤석열 대통령도 결코 책임에서 자유로울 수 없다. 불과 열흘 전만 해도 '국가가 통제할 권한이 없다'고 발뺌하던 대통령 아니었나. 발언의 맥락이 원전을 향해 있었지만, 이전에 했던 발언 '안전을 중시하는 관료적 사고를 버려라'는 이상한 말이 결국 씨가 된 모양새다.

거기에 더해 생뚱맞은 용산 대통령실 이전은 전에 없었던 엄청난 치안 부담을 용산경찰서에 부과했다. 서초동과 용산 집무실 출퇴근에 매일 수백 명의 경찰관이 동원됐다. 집회 시위도 용산에 집중되고 있다. 참사의 조짐이 나타나던 시점에도 용산서장은 대통령 퇴진 집회 현장에 있었다고 하지 않나. 대통령에게 모든 자원이 집중되고 신경이 곤두서 있으니 경찰의 지상 임무인 국민의 생명과 안전은 후순위로 밀리게 됐던 것이다.

참사가 발생한 후 윤 대통령은 '누군가에게 막연히 책임을 물어서는 안된다'고 했다. 윗선에게는 책임을 묻지 않겠다는 뜻으로 해석된다. 지난 11일 동남아 순방 출국길에선 이상민 장관의 어깨를 두드리면서 격려하는 등 고교 후배에 대한 끔찍한 애정을 드러냈다.

대조되는 그림이 있다. 지난 7일 국가안전시스템 점검회의였다. 윤 대통령은 경찰들을 콕 찝어서 격노하면서 질책했다. 책임을 현장 경찰에게 돌린 것이다. 방법도 구체적으로 적시했다. '과학에 기반한 강제 수사를 신속하게 진행하라.' 그런데 과학은 사라지고 강제 수사만 신속하게 그리고 과도하게 진행되고 있다.

내가 경험한 경찰 조직문화로 볼 때 통상 대통령의 의중은 전달 과정에서 몇 배로 증폭된다. 경찰청 특수본은 대통령의 뜻을 받들기 위해 동료들에게 가혹한 칼날을 들이대고 있다. 과연 경찰관의 죽음에 책임이 없다고 단언할 수 있을까.

리더는 격노하고 벌을 내리는 자리가 아니다. 비전을 제시하고 동기를 부여하며 스스로 모범을 보여야 한다. 그러나 윤 대통령은 비전 대신 경찰을 장악하려 들고, '검수완박'을 백지화시켜 경찰관들의 자존심을 손상시켰다. 치안감 인사에 대해 '국기 문란'이라는 어마무시한 말로 경찰을 겁박했다. 모범을 보이긴커녕 스스로 국격을 손상시키는 여러 사고를 쳤다. 리더가 이런 모습을 보이고 있으니 경찰이 망가지는 건 시간문제다.

대통령은 억울하다고 항변할 것이다. 그러나 노무현 전 대통령은 이렇게 말했다.

"비가 오지 않아도 비가 너무 많이 내려도 다 내 책임인 것 같았다. 9시 뉴스를 보고 있으면 어느 것 하나 대통령 책임 아닌 것이 없었다. 대통령은 그런 자리였다."

대통령은 현재 해외 순방 중이니 어느 자리에서 건배를 하고 박수를 치고 있을 것이다. 그러나 지금 이 순간 그는 '국익'을 운운하기 전에 국가를 구성하는 '국민'의 안전 대책 부실에 대한 책임을 끊임없이 져야 한다. 스스로가 이태원 참사로 희생된 159명의 생명 그리고 한 경찰관의 죽음과 깊은 연관이 있지 않나. 그래서다. 진정으로 반성하고 부끄러워해야 한다.

〈오마이뉴스〉 2022. 11. 12.

강서구청장 보궐선거 참패 이후 윤석열 대통령은 외형상으로는 자세를 낮추고 국민과 소통하겠다는 다짐을 했다. 그러나 윤석열 대통령은 역대 대통령 중 아무도 참석한 적이 없는 박정희 추도식에는 참석하면서도 이태원 1주기인 2023년 10월 29일, 대통령은 야당이 주도한 정치 집회라는 프레임을 씌워 추도식에 참석하지 않았다. 아파하고 슬퍼하는 국민을 보듬고 위로하기는커녕 자기 진영 결속에만 관심이 있는 대통령은 과연 한 국가의 대통령으로 불릴 자격이 있는 것인가 묻지 않을 수 없다.

정치는 약자를 향해야 한다

나는 정치는 모름지기 약자를 향하여야 한다고 믿고 있다. 사회계약론에 의하면 사람들은 약육강식이 지배하는 자연 상태 즉 '만인에 대한 만인의 투쟁'에서 벗어나기 위해 자신들의 권리 중 일부를 양도해 정부를 만들었고, 그 정부의 작동이 바로 정치다. 강자가 지배하는 자연 상태에서 약자가 설 자리는 없다. 그러므로 정부를 구성해 정치를 한다는 것은 바로 약자를 보호하기 위한 것이어야 한다는 논리로 귀결된다.

우리 부모님 특히 어머니의 필생의 가르침은 '가난한 사람, 억울한 사람, 아프고 병든 사람들을 도와라'는 것이다. 어머니는 공부 잘한 아들을 원하는 대로 공부시키지 못한 한을 가지고 계신 듯하다. 그래서 '너도 집안이 가난해서 원하는 대학에 가지 못한 경험이 있으니 비슷한 처지에 있는 다른 사람들을 도우라'고 항상 말씀하셨다.

어머니가 약자를 위해야 한다고 말씀하신 데는 본인의 경험도 작용하신 듯하다. 경찰대학 2학년 여름방학 때 일이다. 어머니는 텃밭에서 키운 정구지(부추)를 싸매고 울산장에 팔려 가셨다. 그때는 할머니·어머니들이 집에서 키운 농작물을 내다팔고 생선·고기 또는 아이들 운동화나 학용품을 사오곤 했던 시절이었다.

그런데 장에서 돌아온 어머니의 표정이 어두웠다. 시장 모퉁이에 자리를 잡고 부추를 팔고 있었는데 갑자기 순경이 와서는 고함을 지르며 어머니의 좌판을 구둣발로 차더라는 것이다. 나는 갑자기 눈물이 핑 돌았다. 그 감정은 복합적인 것이다. 어머니에 대한 미안함, 곧 내가 소속될 조직에 대한 서운함… 경찰 본연의 임무는 공공의 안녕과 질서이다. 그런데 시골 아낙이 시장 모퉁이에서 좌판을 깔고 채소를 파는 것이 공공의 안녕과 질서에 무슨 큰 위협이 되겠는가? 그냥 '아주머니 여기 있으면 사람들 다니는데 방해 됩니다. 저쪽으로 가이소' 이렇게 했으면 되지 않을까? 나중에 내가 서장이 되고 청장이 되고 나서 나는 직원들 앞에서 이 이야기를 자주 했다. 그리고 약자를 배려하는 법집행을 하자고 강조하곤 했다.

나의 멘토이신 김대중 대통령은 평생 약자를 위해 사신 분이다. 예수의 뒤를 따르고자 십자가를 지고 피를 흘리며 스스로 고난을 자처한 것도 약자를 위해서라고 말하고 있다. TK와 경찰간부출신으로 어떻게 보면 두 갑절로 보수여야 할 내가 민주당을 택한 것도 바로 '정치는 약자를 향해야 한다'는 것 때문일 것이다.

나는 민주당의 을지로 위원회가 너무 마음에 든다. 그야말로 '을'을 지키는 것, 즉 약자의 편에 서겠다는 것 아니겠는가? 그러나 최근 우리 민주당도 많이 기득권화되고 보수화되었다. 작년 가을 정의당 심상정 의원이 김대중 정치학교에 와서 강의를 한 적이 있었다. 나는 질문했다.

"심의원님께서는 오늘 강의에서 약자를 위한 정치에 대해 좋은 말씀 많이 해주셨습니다. 그런데 민주당과 국민의 힘 중 어느 쪽이 집권했을 때 약자 보호에 더 충실할 것이라고 생각하십니까?"

지난 대선에서 끝까지 완주함으로서 결국 0.73%의 패배를 안긴 원인제공자였음을 완곡하게 지적하는 질문이기도 했다.

"저는 약자를 위한 정치의 견지로 말하면 민주당과 국민의 힘은 양적 차이가 조금 있을 뿐 질적인 차이는 없다고 생각합니다."

이 답변은 나에게 긴 여운을 남겼다.

우리나라의 경제적 양극화는 OECD 국가 중 미국을 제외하고는 가장 심각한 수준이다. 노인빈곤율은 1위이다. 산업재해도 1위이다. 이것이 우리의 현 주소이다. 민주당 정부가 3번이나 있었음에도 이러한 현상을 바꾸지 못한 것을 부끄러워해야 한다고 생각한다.

정치는 결국 먹고 사는 문제를 해결하는 것이다

나는 삼국통일을 완수한 신라 문무왕 김법민을 좋아한다. 그는 당대의 영웅 김춘추와 김유신의 피를 이어받았다. 어릴 적부터 부왕을 따라 전장을 누볐으며 생사를 고비를 겪으면서 유장한 인생관을 터득했다. 나는 그가 운명하면서 백성들에게 남긴 유시를 한 번씩 읽어보곤 한다. 내가 가장 좋아하는 대목은 바로 '병장기를 녹여 농기구를 만들고'라는 문장이다. 통일을 이룩한 자부심과 함께 백성들을 배불리 먹이겠다는 임금의 따뜻한 마음이 드러나는 대목이다. 그렇다. 정치는 먹고 사는 문제가 가장 중요하다. 먹고사는 것을 직접 해결하는 것은 경제이지만 경제가 굴러가는 방향을 정하고 시장이 작동하는 룰을 정하는 것은 정치이다. 따라서 정치가 잘못되는데 경제가 잘 굴러갈 수 없다

올해 1월부터 집권 3기에 들어간 루이스 이나시우 룰라 다 시우바Luiz Inácio Lula da Silva는 자그마치 세 번씩이나 브라질 대통령에 당선된 인물이다. 그에 대한 브라질 국민의 신뢰와 지지의 근원은 무엇이었을까?

집권 8년간 그의 최우선 관심은 '가난을 이기는 희망'이었다. 그가 취임하던 2003년에 1억 9천만 명에 이르는 브라질 인구의 4분의 1이 빈곤층이었다. 최악의 불평등한 사회라고 말할 수 있는 상황에서 그가 우선시한 것은 '사회적 약자에게 희망을 주는 정책'을 펼친 것이다.

어린 시절 룰라는 땅콩을 팔고 구두닦이를 하는 가난한 소년으로 초등학교도 졸업하지 못했다. 14살의 선반공으로 최저 임금밖에 되지 않았던 첫 월급을 받았을 때는 어머니뿐만 아니라 가족 모두에게 자랑거리가 되었다. 18세에 공장에서 산업재해로 새끼손가락 하나가 잘려 나가는 불운을 겪었으나 정치인으로 변모한 후에는 그를 대표하는 트레이드 마크(trademark)가 되었다.

너무나 가난한 삶이어서 아무런 희망도 보이지 않았던 지난날을 보내며 꿈꾸던 그의 소망은 기술자가 되는 것이었다. 그와 마찬가지로, 하루 1달러로 살아가던 4천만 명의 또다른 룰라들이 있었다.

그들을 대변하기 위해 57세에 대통령에 도전한 그가 취임 후 가장 먼저 한 일은 가난한 사람들을 만난 것이다. 그리고 "왜 부자들을 돕는 것은 '투자'라고 하고 가난한 이들을 돕는 것은 '비용'이라고만 말하는가."라는 의문을 보내며 이들에게 생활보조금을 지급했다.

그러자 한편에서는 '거지에게 베푸는 동냥이다'라며, '국가 부도 사태를 맞게 될 것이다'라고 비난하는 이들도 많았다. 당시 브라질은 심각한 국가부채와 해외자본 유출로 국가 경제가 점점 수렁으로 빠져드는 상황이었기 때문이다.

그러함에도 그는 생활보조금 지급 정책을 관철했다. 단, 전제조건을 내걸었다.

"반드시 아이들을 학교에 보낼 것이며, 결석률 15% 이상이면 지원을 보류한다."

취임 첫해에 그는 빈민 350만 명에게 분배하는 생활보조금을 국가 예산에 책정했다. 이것이 발판이 되어 2천만 명이 중산층으로 도약하는 계기가 마련되었다. 중산층이 두터워지자 빈부격차가 해소되며 소비 진작으로 기업이 활기를 띠게 되었고 브라질 경제가 되살아났다.

집권 8년간 그가 일궈낸 성적은 '국가 부채 해결'과 더불어 '세계 8위의 경제 대국' 반열에 올려놓은 것이다. 그는 퇴임 연설에서 이 모든 공을 국민에게 돌렸다.

"모든 업적은 초등학교밖에 나오지 않은 나를 대통령으로 뽑아준 국민에게 돌아가야 합니다."

소련의 붕괴되자 사람들은 사회주의가 자본주의와의 이념경쟁에서 패배했다고 생각했다. 그러나 김대중은 달리 보았다. 먹고 사는 문제를 둘러싼 대결에서 사회주의가 패배한 것이라고 진단한 것이다. 탁견이라 아니할 수 없다.

선각자 김대중은 1970년대 감옥에서 앨빈 토플러Alvin Toffler의 《제3의 물결》을 읽으며 눈을 뜨게 된 정보화 사회를, 이후 대통령이 되었을 때 우리나라 미래 먹거리가 될 것이라는 확신하에 IT산업을 일으켰다. 이때 수많은 유니콘 IT기업이 탄생할 수 있었던 배경이다. 전자정부를 만들고, 교육현장에 IT를 도입했다. 이어서 우리 문화의 저력을 믿고 대중문화를 일본에 개방해서 한류의 초석을 놓았다. 이것이 지금 얼마나 많은 사람들을 먹여살리고 있는 것인가.

그래서 최근 국제정치학자들은 박정희가 국민소득 1만 달러 시대를 가져왔다면 국민소득 3만 달러 시대에는 김대중이 크게 기여하였다는 것을 인정하는 분위기가 일반적인 견해라고 한다.

우리는 이제 1인당 국민소득 10만불 시대를 향해 나아가야 한다. 세계5대 강국으로의 꿈을 키워야 한다. 자원이 없는 우리나라가 기댈 것은 결국 생산성을 높이는 길 밖에는 없다고 본다. 창의적인 인재와 혁신 기업, 정책과 제도의 뒷받침이 핵심이다. 정치가 방향을 제시해야 한다.

포용과 통합의 정신이 필요하다

포용과 통합은 번영의 가장 굳건한 토대이다. 동서고금의 역사가 이를 증명하고 있다. 고대 페르시아, 로마, 몽골, 오스만 터키, 대영제국, 네덜란드, 미국 등 역사적으로 번영한 제국과 국가들은 모두 포용과 통합의 정신에서 번영했고 그렇지 못했을 경우 쇠퇴하고 멸망했다.

그러나 불행히도 우리나라는 망국적인 지역주의에 이어 최근 들어 더욱 심해진 보수-진보 진영의 극단적인 대립과 투쟁까지 더해지면서 온 나라가 둘로 쪼개지는 극단의 시대에 들어서고 말았다.

우리 정치가 언제부터 이렇게 되었는가?

우리가 알고 있는 지역주의는 1971년 대통령 선거에서부터다. 그전에는 조봉암 선생이 대구에서 이승만보다 많은 표를 받는 등 오히려 도시는 야당, 농촌은 여당의 구도가 더 강했다. 그런데 1971년 박정희와 김대중이 맞붙은 이 선거에서 이효상 당시 국회의장은 '경상도 대통령을 뽑지 않으면 우리는 개밥에 도토리 신세가 된다'는 지역감정 조장발언을 한 것이 그 시초이다.

진영간 극단적 대립과 투쟁의 원인은 훨씬 더 복잡하겠지만 나는 노무현 대통령의 극적인 죽음과 박근혜 대통령의 탄핵으로 훨씬 더 심각해 졌다고 보고 있다.

국가적 과제가 산적한 지금 우리가 진영 간 대립에 매몰되어 있는 것은 참으로 큰 문제이다. 이런 맥락에서 김대중 대통령의 '통합과 포용의 정치'를 오늘에 되새겨야 할 것이다. 김대중이 누구인가? 민주화가 이루어진 이후 정치를 하는 우리는 그가 겪어낸 고난과 역경을 가늠할 수 조차 없을 것이다. 다섯 번의 죽을 고비, 6년의 투옥, 피치 못할 두 번의 망명, 가택연금 등 형언할 수 없는 고초와 박해를 받았다.

그러나 그는 자신을 해하고 궁지에 몰아넣은 정적들을 다 용서했다. 그뿐만 아니라 자신의 대척점에 섰던 김종필·박태준·이한동을 차례로 총리로 기용했고, 노태우 정부의 정무수석이었던 TK 김중권을 초대 비서실장으로 발탁했다. 사실상의 통합정부를 구성한 것이다. 이러한 통합의 시너지로 역사상 초유의 국난이었던 IMF사태를 조기에 극복할 수 있었다.

그러나 그도 한 인간이다. 왜 갈등이 없었겠는가. 자서전에서 그는 '나도 일본에서의 납치 사건을 파헤쳐 보고 싶은 유혹이 들었다. 하지만 참았다. 권력이 개입된 사건을 또 다른 권력으로 파헤쳐서는 안 된다'라는 생각이었다고 적고 있다.

〈김대중 대통령의 포용과 통합의 정신이 필요하다〉

그는 박근혜 대표가 찾아와서 '아버지가 한 일에 대해 딸로서 사과한다'라고 말했을 때 '사과는 독재자의 딸이 했지만 정작 구원을 받은 것은 나였다'고 적었다. 대구를 찾아 지역 인사들 앞에서도 '어려울 때 우리에게 희망을 준 지도자'라며 박정희에 대해 평가했다. 박정희 기념관 건립에 200억을 지원하기도 했다.

김대중의 포용과 통합의 정치는 비단 개인적인 차원을 넘어선 것이었다. 남북의 화해와 평화공존 뿐만 아니라 동북아번영까지도 고려한 참으로 위대한 결단이었다.

그는 5.18 광주민주항쟁, 북한의 6.25 전쟁, 일본의 우리나라 식민통치 같은 우리 근현대사의 불행한 역사적 사건에 대한 해법에서도 일관되게 포용과 통합의 정신을 견지함으로써 이 나라의 민주주의, 평화, 번영에 크게 기여한 현대사의 거인으로 우뚝선 것이다.

나는 김대중 정치학교 2기에 입학해 공부하던 2022년 가을, 기고를 통해 극단의 시대를 벗어나기 위해 김대중의 포용과 통합의 정신을 오늘에 되새겨야 한다고 역설했다.

또다시 권력의 보복 · 탄압 악순환…'김대중 정신' 되새기며 성찰할 때

156명이 목숨을 잃은 안타까운 사고가 발생했다. 이 국가적 대참사 앞에 여야는 사고수습과 대책 마련을 위해 모처럼 한목소리를 내고 있다. 그런데 이런 협치가 평상시에도 작동한다면 얼마나 좋겠나. 왜냐하면 이태원 참사가 있기 전까지 정국은 그야말로 일촉즉발의 폭풍전야였기 때문이다.

국가적 애도 분위기 속에 검찰 수사는 숨 고르기에 들어갈 것으로 보인다. 그러나 측근인 이화영 · 김용을 구속시키고 정진상도 출국 금지시킨 상황에서, 이재명 대표를 향한 윤석열 정부의 사정 드라이브가 오래 멈추어 있을 것 같지는 않다. 서해 공무원 피격 사건 수사도 서욱, 김홍희 구속에 이어 박지원과

서훈 다음에는 문재인 전 대통령을 직접 겨냥할 태세다.

늘 그랬듯이 겉으로는 법치주의와 자유민주주의라는 거창한 명분을 내세우고 있지만 곧이곧대로 믿는 국민은 많지 않아 보인다. 그럴듯하게 포장하고 있지만 정치보복과 야당탄압이라는 본질을 숨긴 채 30%를 밑도는 국정 지지도를 반전시키기 위한 목적이 있다는 것을 알만한 사람은 다 안다.

정의의 실현과 법의 지배라는 말에 토를 달 사람은 없다. 그러나 모든 것은 과유불급인 법이다. 또 목적과 수단 사이에 균형을 유지해야 하며 무엇보다 공정해야 한다. 그래야 국민이 수긍한다. 그러나 지금의 검찰 수사는 균형감을 상실했으며 공정하지도 않다.
갈수록 팍팍해지는 살림살이에 고통받는 서민들이 보기에 누가 체포되고 구속됐다는 뉴스는 그들만의 리그에서 일어나는 일일 뿐이다. 나라 안팎 사정이 얼마나 엄중한가. 여야가 머리를 맞대도 부족한 상황에서 쌍방 간 극한 대립은 결국 국민에게 피해가 돼 돌아올 것이란 점에서 우려하지 않을 수 없다.

정치보복과 야당탄압이 어제오늘 일은 아니다. 멀리 갈 것도 없이 문재인 정부도 악순환의 고리에서 벗어나지 못했다. 적폐 청산이라는 대의는 있었지만 이명박·박근혜 정권의 많은 인사가 검찰수사를 받고 수감된 것은 부인할 수 없는 사실이다.

2019년 1월 더불어민주당 지역위원장이던 나는 대구지역 언론에 '적폐 청산 너무 오래 한다'는 제하의 기고를 했다. 적폐 청산의 기본 취지에는 공감하지만 경제가 어려워지고 국민이 피로해 하니 이제 민생에 충실해야 한다는 것이 요지였다. 그 기고로 강성 민주당원들의 항의에 시달렸지만 해야 할 말을 했다고 믿고 있다.

이렇듯 정권이 바뀔 때마다, 특히 보수와 진보 진영 간 권력이 교체될 때마다 탄압과 보복이 되풀이되고 사생결단의 대립과 투쟁 속에 날을 지새우는 작금의 현실에서 우리는 김대중 전 대통령의 포용과 통합의 정신을 생각해 봐야 한다.

김대중이 누구인가. 지금 정치를 하는 우리로서는 독재 정권 치하에서 그가 겪은 고통과 시련을 가늠하기조차 힘들다. 투옥, 망명, 납치, 사형선고, 가택연금 등 그야말로 탄압과 박해로 점철된 가시밭길 정치역정이었다. 그런데도 그는 1988년 6월 평민당 국회 대표연설에서 '어떠한 정치보복도 확고히 반대할 것입니다. 반성과 사과를 촉구할 뿐 형사처벌을 막는데 전력을 다하겠습니다'라고 말했다. 그리고 평화적 정권교체를 이룬 뒤 평소의 소신대로 어떠한 정치보복도 하지 않았다.

그인들 왜 권력을 행사하고픈 유혹이 없었을까. 자서전에서 그는 '대통령으로 재직하면서 납치사건에 대해 여러 가지 파헤쳐보고 싶었다. 하지만 참았다.

적어도 권력이 개입된 사건을 또 다른 권력으로 파헤치면 안 된다는 생각이었다'고 썼다. 그의 숭고한 정신에 비하면 정치적 목적을 위해 정책과 판단의 영역조차 법으로 재단하려는 요즘 위정자들은 왜소해 보일 따름이다.

한발 더 나아가 그는 반대편에 서 있었던 김종필 이한동 박태준을 차례로 총리로 기용했다. 또 노태우 정권 정무수석을 지낸 김중권을 초대 비서실장으로 발탁하는 등 사실상의 통합정부를 실현하였다. 국가부도 위기를 신속하게 극복할 수 있었던 것도 그러한 국민통합의 기반 위에서 가능했다. 진영논리에 함몰되지 않고 나라와 국민 전체를 보며 통치권을 행사한 것은 김대중 대통령이 마지막이었다는 평가가 나오는 이유일 것이다.

포용과 통합은 번영의 가장 굳건한 토대다. 동서고금 수많은 역사가 이를 증명한다. 진영을 뛰어넘어 포용과 통합을 실천하고자 했던 김대중 정신을 오늘날 다시금 되새겨야 하는 이유다.

〈한겨레신문〉 2022. 11. 2.

윤석열 정권은 전 정권과 야당에 대해 무자비한 보복과 탄압의 칼을 휘두르고 있다. 판단과 정책의 영역에까지 사법의 잣대를 들이대고 있다. 취임 후 1년 반이 지나도록 야당 대표를 만나지 않고 있다. 이래서야 되겠는가? 윤대통령 자신이 2022. 5. 16. 국회 시정연설에서 '지금 대한민국에서는 각자 지향하는 정치적 가치는 다르지만 공동의 위기를 극복하기 위해 기꺼이 손을 잡았던 처칠과 애틀리의 파트너쉽이 그 어느때보다 필요합니다'라고 말한 바 있다. 나는 이제라도 윤대통령이 자신이 한 말을 지키기 바란다.

평화와 통일을 향한 자주·균형·실용 외교

통일은 우리 민족 최대의 소망이다. 그러나 나는 단기간 내에는 통일은 어려울 수도 있다는 생각을 많이 한다. 그것보다는 오히려 현재의 적대적인 분단체제를 해소해 평화를 가져오는 것이 훨씬 더 실현가능성이 높고 또 가져올 실익도 통일이나 다름없이 막대하다고 생각한다. 통일도 좋지만 우선은 평화다. 평화가 곧 경제이기 때문이다.

이것은 홍콩의 중국귀속과 1국 양제를 가까이서 보면서 느낀 나의 경험에서 우러나는 것이다. 1997년 7월 1일에 있었던 홍콩주권의 중국반환을 총영사관 사무실에서 지켜보며 많은 생각이 오갔다. 지난 150년간 중국인들에게 홍콩은 빼앗긴 용의 여의주에 비유되어왔다. 홍콩 반환은 그 여의주를 돌려받는 것을 의미한다.

'과연 홍콩은 비상하는 용의 여의주가 될 수 있을 것인가?'에 세계의 이목이 쏠렸다.

일국양제(一國兩制)를 선언한 중국으로서는 홍콩에 부는 민주화 바람이 걸림돌이다. 중국인들에게도 적잖은 영향을 끼칠 수 있는 소지가 다분하기 때문이다. 일국양제는 하나의 국가에 두 체제를 허용한다는 뜻이다. 중국이 1997년 6월 30일 홍콩의 주권을 영국으로부터 되찾아올 때 적용한 통합방식이다. 홍콩의 주권 회복과 동시에 중국의 사회주의를 홍콩에 강요하지 않겠다는 덩샤오핑의 제의를 대처 총리가 받아들여 홍콩의 주권은 중국에 반환되도록 결정되었다.

나는 '일국양제 방식을 남북한이 공동으로 받아들일 수 있다면 한반도의 미래는 어떻게 변화될까?' 하고 생각해 보았다. 개인적으로 한반도통일의 앞길을 열어갈 수 있는 해법이 될지도 모른다고 생각했다. 언제까지 한쪽 날개로 현실에 안주한다면 통일은 요원한 숙제로 남을 공산이 크다. 아무리 힘 좋은 날개라도 한쪽만으로는 힘이 쏠릴 수밖에 없기 때문이다. 그 상태로는 영원히 날지 못한다. 설사 힘을 다해 날아오른다고 해도 머지않아 어딘가로 처박히고 말 것이다.

언젠가 중앙대 김누리 교수가 TV 강연에서 문재인 대통령이 한 말을 인용하며 이렇게 말했다.

"우리에게 중요한 것은 통일이 아니다. 우리에게 중요한 것은 분단체제 해소다. 분단 해소와 통일은 다르다. 문재인 대통령은 해방 이후 최초로 '통일을 안 할 수도 있다'라고 명시적으로 말한 최초의 대통령이다."

실제, 문 대통령은 2018년 3월 21일 열린 '남북정상회담준비위원회 2차

회의'에서 이같이 말했다.

"남북이 함께 살든 따로 살든 서로 간섭하지 않고 서로 피해주지 않고 함께 번영하며 평화롭게 살 수 있게 만들어야 합니다."

중요한 것은 '평화가 우선'임을 강조한 것이다. 통일하지 않더라도 서로 적대하지 않고 교류도 하면서 평화공존 체제로 가야 한다는 것을 말한 것이다. 비단 남과 북의 관계에만 국한된 비유는 아니다. 우리도 서로 간의 빈부격차가 이대로 심화한다면 같은 꼴이 될 것은 자명한 이치다.

김대중 대통령은 자주·균형·실용 외교를 주창하고 실현했다. 소가 들판에 난 도랑을 따라 이쪽의 풀도 뜯어 먹고 저쪽의 풀도 뜯어 먹으며 유유히 걸어 가는 것이 좋다는 것이다. 김대중 정부의 외교 정책에 대한 신뢰가 있었기에 클린턴 대통령이 '이제 저는 조수석에 앉겠습니다. 김 대통령이 운전대를 잡으시라'는 말도 나오게 되었던 것이다.

역대 민주정부는 한반도에 평화를 정착시키고 통일의 분위기를 조성하기 위해 노력해 왔다. 그러나 최근 남북관계에 다시 긴장이 고조되고 있다. 문재인 정부 전 시기를 통해서 도발한 것보다 윤석열 정부 1년 6개월의 북한 도발이 더 많은 실정이다.

나는 근본적인 이유가 윤석열 정부의 급격한 외교 기조 변화에 있다고 본다. 한미일 동맹 체제로 너무 급하게 방향을 돌린 것이다. 국가의 흥망이 달린 외교안보정책의 근간을 개인의 가치관과 선호에 따라 바꾸려고 하는 매우 위험한 도박을 벌이고 있다는 것이다. 이것은 윤석열 정권의 어떤 실정보다 우리나라의 앞날에 파멸적인 결과를 불러일으킬 수 있기에 그냥 있을 수 없었다.

우려스러운 외교 안보 현실

윤석열 대통령 미국 국빈 방문을 한 달도 남겨 두지 않은 상황에서 외교안보라인 사령탑이라 할 만한 김성한 국가안보실장이 사퇴했다. 사실상 경질이라는 시각이 압도한다. 이미 대통령실 외교라인의 의전·외교 두 비서관이 한 달 간격으로 사퇴했던 터였다.

새 국가안보실장에는 조태용 주미대사를 임명했다. 중요한 외교 회담을 앞두고 외교안보라인 수뇌부가 통째로 흔들리는, 유례를 찾아보기 힘든 일이 벌어진다.

미국 측에서 블랙핑크와 레이디 가가의 동맹 70주년 기념 협연을 제안했는데, 윤 대통령에게 제대로 보고하지 않았다는 사실이 언론에서 말하는 이유다. 미국 측 제안이 1월 초께 이미 이뤄졌다는데, 여태껏 대통령실 내부에서 제대로 처리하지 못하고 미적대고 있었다는 점은 아무리 생각해도 납득하기 어렵다. 대통령실 내부 그리고 정부 외교라인 간 업무 협조도, 상호 체크도 전혀 이뤄지지 않았던 셈이다.

초등학교 취학연령 5세 하향, 69시간 근로 따위로 보인 국정 난맥상이 외교안보에까지 번진다는 점은 심각한 문제다. 이마저도 전임 정부 탓이라고 할 텐가. 그러나 정상회담에 부수되는 팝 공연을 두고 외교안보라인 사령탑을 한미 정상회담을 한 달도 남지 않은 시점에 교체한다는 사실은 이해하기 어렵다. 청와대와 총리실 그리고 해외 공관에서 근무한 경험으로 볼 때 정상회담에 수반되는 이벤트 정도는 쌍방 외교실무라인에서 조율하고 책임질 문제지, 외교안보 수장까지 교체해야 할 사안은 아니기 때문이다.

그보다는 외교안보라인 내부의 노선 갈등설이 더 설득력이 있어 보인다. 김성한 국가안보실장파와 김태효 국가안보실 1차장파 간 갈등이 있고, 이 중 김태효파가 결국 승리했다는 얘기다. 대체로 전통 있고 이치에 합당한 사고를 하는 외교라인이 뒤로 물러나고 김태효 1차장을 중심으로 한 강경외교라인이 주도권을 잡았다는 분석이 설득력이 있다. 제3자 배상안을 중심으로 한 한일 외교협상을 주도해 관철시킨 사람이 김태효 1차장이라는 점은 공공연한 사실이기 때문이다.

이런 일이 없었더라도 외교안보라인 교체 여론은 높았다. 윤 대통령 해외 순방 때마다 이른바 '외교참사'가 빚어졌고 미국의 인플레이션감축법(IRA), 반도체법에 제대로 된 대응도 못한데다, 제3자 배상 방식이라는 대일외교 해법은 국민 분노와 반발을 가져왔다. 기다려 보자는 정부 기대에 일본이 초등학교 역사교과서 개악으로 바로 뒤통수를 쳤다. 대일외교가 심각한 실패로 끝난다는 점은 의문의 여지가 없어 보인다.

이렇듯 악화일로의 민심에 윤 정부가 선수 교체로 응답했다고 해석할 만하다. 기왕 교체한 마당에 정부는 하루빨리 외교안보라인을 정비해 산적한 한미 현안에 대응해야 한다. 한미 간에는 북핵 미사일 위기, 한미 군사동맹 강화, 한미일 군사협력, 쿼드체제 같은 군사외교 사안뿐 아니라 IRA에 따른 전기차 배터리, 반도체 보조금, 칩4동맹, 대중국 수출규제를 비롯한 중차대한 경제 현안이 산적했기 때문이다.

한미 정상회담을 앞두고 되돌아봐야 할 부분은 지금까지 우리 외교가 너무 미국에 끌려다니지 않았나 하는 점이다. 우리나라 국력은 세계 10위권이고 군사력은 6위다. '가장 강력한 국가 순위'에서 한국은 6위로, 일본(8위)보다 앞선다.

우리 국력이 지금보다 못했던 김대중 정부 때도 클린턴 대통령은 북핵 문제 해결에서 한국이 운전수이고 미국은 조수라며 우리 외교를 인정한 바 있다. 노무현 대통령은 미국 요구인 해외 파병을 하면서도 북핵위기를 평화롭게 해결하려고 노력하는가 하면 자주외교를 펼쳤다. 문재인 정부도 미국과 중국 간 등거리 외교로 국익을 최대한 끌어올리려고 노력했다.

그에 견줘 윤석열 정부는 미국은커녕 일본에도 저자세 외교로 일관한다. 그러면서 실리도 챙기지 못한다. 한미 동맹은 분명 우리 안보의 핵심이다. 그러나 한미일 동맹에 성급하게 뛰어드는 일은 완전히 다른 문제다. 언젠가 선택해야 할지도 모르지만 그때까지는 균형·실리외교로 국익을 최대치로 챙

> 겨야 한다.
>
> 사드 때 경험과 대중 무역 적자, 그 밖에 여러 가지 상황을 생각할 때 현 정부 외교가 한미일 동맹에 너무 치우치는 듯싶어 걱정스럽기 짝이 없다.

〈기호일보〉 2023. 4. 4.

후쿠시마 오염수 방류를 정부가 사실상 용인하고 방치하는 것도 한일 관계의 개선을 통해 한미일 동맹을 완성하겠다는 미국의 전략을 아무 고려나 검토 없이 일방적으로 수용하기 때문이라고 생각된다. 그러나 우리가 한미일 체제로 깊숙이 편입될 경우 그것은 북중러와의 대결 구도를 심화시키는 결과를 가져올 것은 너무나 자명하다. 한미일 체제로 얻을 이익은 거의 없는 반면 북중러와의 대결구도의 첨병이 될 경우에는 재앙적 결과를 가져올 가능성이 높다. 당장 북한과 러시아의 밀착은 북한이 지금까지 보유하지 못한 핵 기술 즉 탄도미사일의 대기권 재진입 기술을 제공할 것이라는 우려를 낳고 있다.

김대중-노무현-문재인으로 이어지는 외교통일정책에서 한가지 아쉬운 부분이라면 국민을 이해시키고 국민과 소통하려한 부분이 좀 부족하지 않았나 생각한다. '못 살고 말썽꾸러기이긴 하지만 동생 아닙니까? 잘 사는 형이 좀 도와주어야 하지 않겠습니까?' 그랬더라면 보수세력의 '북한정권에 퍼주기 했다' 공세를 완화시킬 수 있지 않았겠나 생각한다. 앞으로 외교통일정책을 추진할 경우 고려해야 할 부분이라고 본다.

정의롭고 자유로운 사회

김대중 대통령은 정의가 강물처럼 흐르고 자유가 들꽃처럼 피어나는 나라를 꿈꿨다. 국기에 대한 맹세에도 '자유롭고 정의로운 대한민국을 위하여'라고 명시하고 있다. 우리나라는 2차 대전 후 건국된 국가들 중에서 산업화와 민주화를 동시에 이룬 위대한 나라다. 그러나 이 나라의 민주주의와 정의, 자유는 1987년 민주화 이후 최대의 위기를 맞아 퇴행하고 있다. 바로 윤석열 검사독재 때문이다. 전 정권과 야당 대표를 향한 무자비하고 무지막지한 수사는 물론 표현의 자유, 언론의 자유가 억압되고 있다.

법무부 장관에 한동훈을 앉혀 검찰을 완전히 장악한 다음 인사검증 업무를 맡겨 사실상 소통령의 지위를 부여했다. 나는 청와대 민정수석실에도 근무한 경험이 있고 인사검증을 분담하는 경찰청 정보국장도 지냈기 때문에 이러한 윤석열 정권의 의도가 얼마나 위험한지 잘 알고 있기에 다시 펜을 들었다.

소통령 한동훈과 검찰공화국

경찰청 정보국장 재임 시절 인사검증 업무를 수행한 적이 있다. 고위 공직 임용 예정자들의 인사검증 자료를 검토하고 청와대로 보고하는 업무였다. 부하들이 작성해 오는 인사검증 자료를 받아 보면 재미나는 것도 많았다. 남들은 모르는 유력 인사의 알려지지 않은 개인사를 안다는 일종의 쾌감(?) 같은 것을 느낀 적도 있었음을 고백한다. 국정원 등 다른 사정기관에서도 청와대로 별도의 보고를 올렸는데, 이를 종합해서 판단하는 것은 민정수석실 몫이었다. 민정수석실이야 원래 막강했지만 경찰청이나 국정원도 검증자료의 유출이나 검증 대상자와의 유착 등 권한 남용이 문제된 경우가 종종 있었던 것으로 기억한다. 인사와 관련된 정보는 민감하고 중요해 당사자들이 목을 매기 때문이다. 여기에 툭하면 인사정보 수집을 빙자한 민간인 사찰 시비까지 불거져 나와 시민들의 자유와 권리를 위협해온 것 또한 사실이다.

이렇듯 인사 업무가 워낙 예민하고 중대한 사안이므로 노무현 정부에서 인사 추천과 인사검증 업무를 분리해 각각 인사수석과 민정수석이 맡도록 해 서로 견제와 균형을 이루도록 한 이래, 역대 정부에서 여야 막론하고 이 원칙은 지켜져왔다.

그런데 윤석열 정부는 폐해가 크다며 청와대 민정수석실을 폐지하더니 인사검증 업무를 법무부에서 수행하도록 할 모양이다. 법무부 장관 직속으로 인사정보관리단을 설치해 인사검증 업무를 수행하도록 하겠다고 한다. 검사와 경찰관도 파견받는다고 한다. 관련 규정들이 개정 절차 중에 있으며 늦어도 6월부터는 시행된다고 한다. 청와대 개방, 민정수석실 폐지 같은 일련의 국정 드라이브 속에 슬며시 끼워 넣어 추진하고 있지만 사실은 국정의 근간과 관련된 중요하고 심각한 사안이다.

윤석열 정부의 의도대로 이뤄진다면 법무부, 더 정확하게 말해 한동훈 법무부

장관은 과거 해악이 컸다던 민정수석을 훨씬 능가하는 엄청난 권력을 가지게 된다. 최근 고위직 인사를 통해 검찰을 장악한데다 정부 고위 공직 인사검증 권한까지 쥐게 된다면 사실상 총리 이상의 힘을 가진다고 볼 수 있다. 그리고 권한이 커지면 남용의 가능성도 커지게 마련이다.

그 폐해를 우려해 민정수석실을 없애겠다던 윤석열 정부가 정작 민정수석실보다 더 무서운, 토머스 홉스가 말한 괴물 리바이어던과 같은 슈퍼 부처 법무부를 탄생시킨 것이다.

문제는 이게 끝이 아니라는 것이다. 검찰수사관 출신 청와대 인사기획관, 부장검사 출신 인사비서관도 한동훈 장관과 사실상 한통속이다. 한동훈을 몸통으로 한 검찰세력이 인사검증권과 인사추천권까지 모두 장악하게 된 것이다. 이것은 심각한 문제이다. 흔히들 인사가 만사라고 하지 않는가? 중차대한 정부 인사가 검찰세력의 셀프 추천과 검증이 가능한, 짜고 치는 고스톱이 되고 만 것이다. 한마디로 검찰공화국의 끝판왕이 아닐 수 없다. 특히 한동훈 법무부 장관은 그야말로 소통령이 되는 것이다.

이런 한동훈과 그 검찰세력에게 반대의 목소리를 낼 국무위원, 수석비서관, 국회의원 그리고 정부조직이 있을 수 있겠는가? 민정수석을 폐지해 이전 정부와 차별화를 꾀하는 척하면서 사실은 더 힘세고 문제 많은 소통령 한동훈과 검찰공화국을 통해 국정을 자기들 마음대로 좌지우지하겠다는 것이다. 이른바 검수완박에 의해 수사권이 박탈될 지경에 이르자 이제 수사 대신 인사를 통해 검찰공화국의 수명 연장을 꾀한다고 한다면 논리의 비약일까? 검찰세력에 의한 국정농단이 우려된다면 지나친 걱정일까? 이 과정에서 자신들의 잣대와 입맛에 맞지 않는 사람들의 자유와 권리가 심각한 위협에 직면하리라는 것은 불 보듯 뻔한 일이다. 또 그들만의 리그에 속한 편중된 인사로 급변하는 세상의 흐름에 제대로 대응할 수 있을지도 의문스럽다.

이제 한동훈에 의한 한동훈을 위한 윤석열의 검찰공화국은 바야흐로 닻을 올린 셈이다. 절대 권력은 절대 부패한다고 했는데 앞으로가 걱정이다. 한동훈과 검찰세력의 선의를 믿어달라고? 천만의 말씀이다. 개인의 선의는 믿을 것이 못 된다. 이제 권력에 대한 부단한 감시가 더욱 중요해졌다. 민주주의의 최후의 보루는 깨어 있는 시민들의 조직된 힘이라는 노무현 대통령의 말씀이 더욱 절실해지는 시점이다.

〈한겨레신문〉 2022. 5. 30.

경찰은 윤석열 정권의 또 하나의 칼이다. 수사권조정으로 수사의 양과 질이 대폭 커졌다. 명실상부 국가의 중심수사기관의 지위에 오른 것이다. 정권이 이런 경찰을 그냥 둘 리 만무하다. 경찰관들의 분노와 반대에도 불구하고 경찰국 설치를 강행했다. '좌 검찰 우 경찰'의 구도를 완성해 전 정권과 야당에 대한 보복 수사에 나서겠다는 불손한 의도를 대놓고 드러낸 것이다.

경찰은 어디로 가고 있는가

윤석열 정부의 경찰국 설립에 반발해 총경 회의를 주도했다가 정직 징계를 받은 뒤 이번 인사에서 경남경찰청 112치안종합상황실 상황팀장으로 발령된 류삼영 총경이 사직서를 제출했다. 그는 사직의 변에서 "최근 1년간 일련의 사태로 경찰 중립의 근간이 흔들리는 것을 더 이상 지켜보기 어려워 사직을 결심하게 됐다. 저의 사직을 끝으로 더 이상 조직 전체를 뒤흔드는 보복 인사를 멈춰달라"고 호소했다.

지난 2월 경찰 총경급 인사에서 총경 회의 참석자들이 좌표찍기식으로 줄줄이 좌천됐다. 현장 참석자 50여명 중 상당수가 시·도경찰청 112상황실이나 경찰교육기관 등 한직으로 발령 났다. 총경보다 한 계급 낮은 경정이 맡던 자리에 발령 난 경우도 있다. 여론을 의식해 한 템포 늦췄지만 류 총경의 112 상황팀장 발령은 문책성·보복성 인사임이 틀림없다.

왜 유독 경찰 간부들 회동에만 이런 알레르기 반응을 보이는가? 이제껏 전국 검사장·평검사 회의가 여러 차례 열렸지만 불이익을 받은 이는 없었다. 작년 수사-기소 분리법안을 둘러싼 검사들의 '집단행동'에 대해, 한동훈 법무부 장관은 "현장 상황을 책임지는 사람들 입장에서는 잘못된 법이 잘못된 절차를 통해 통과됐을 때 말할 의무가 있다고 생각한다"고 했다. '말할 의무'가 검찰에만 있고 경찰에는 없나. 독선이고 내로남불 아닌가?

현 정권이 힘으로 경찰을 윽박지르는 것이 처음은 아니다. 정권교체 후 대규모 물갈이 인사에서 이상민 행정안전부 장관은 치안정감 진급 대상자 전원을 개별 면담해 충성 서약을 받고 줄세우기를 했다. 치안감 인사에서는 인사안이 번복되는 소동이 벌어지자 윤 대통령이 직접 '국기문란' 운운하며 경찰을 겁박하기도 했다.

그뿐인가. 프락치 의혹이 불거진 김순호를 경찰국장에 임명하고 치안정감으로 승진시키는가 하면 아들의 학폭 사건으로 공분을 산 정순신을 국가수사본부장에 지명하는 등 경찰조직을 욕되게 했다. 능력과 자질보다는 정권에 대한 충성만이 살길이라는 신호를 보낸 것이다. 이제 그도 모자라 수뇌부가 아닌 경찰서장급 인사에서도 정권과의 거리에 따라 대놓고 표가 나는 인사를 해치운 것이다.

윤석열 정부의 줄세우기·뒤흔들기가 경찰조직에 끼친 해악은 크다. 자존심이 상하고 사기가 저하된 조직이 제대로 움직일 리 없다. 이태원 참사에 대한 경찰의 총체적 실패가 대표적이다. 112는 절박하게 도움을 청하는 시민 호소를 외면했으며, 촘촘하다던 경찰의 예고정보망도 작동하지 않았다. 보고와 지휘 체계도 엉망이었다. 월드컵 거리응원, 촛불집회 등을 문제없이 관리해왔던 역량이 와해된 것이다. 이번 오송 지하차도 참사도 경찰의 부실대응이 도마 위에 올랐다. 제방 붕괴의 위험 신호가 빗발쳤음에도 교통통제나 사고현장 출동에 허점을 드러낸 것이다. 한때 '투입 대비 산출 최고'라는 평을 들었던 대한민국 치안시스템은 이렇게 망가지고 있는 중이다.

반면에 정권과 코드를 맞추는 일에는 놀랍도록 발 빠르게 움직였다. 포스코 비정규직 노동자를 지원하기 위해 고공농성을 하던 금속노련 김준영 사무처장을 강제 연행해 유혈사태를 빚었고, 분신한 건설노동자 양회동씨 추모공간을 강제 철거하여 노동자들의 심한 반발을 불러일으켰다. 공공에 명백한 위험을 끼칠 경우에만 가능하다는 대법원 판례마저 무시하고 시위대의 야간 노숙을 강제 해산시켜 비판을 받고 있다.

경찰은 이제 외견상으로는 완벽하게 윤석열 정권에 부응하고 있는 것처럼 보인다. 그렇지만 현 정권은 아무래도 경찰보다는 검찰이 더 믿을 만하다고 생각하는 것 같다. 앞으로 경찰은 건설폭력, 보조금 횡령 같은 품이 많이 드는 수사에 집중하고 검찰은 정치·기업·금융·부패 범죄 등에 대한 수사로 정권 안위에 올인할 모양새다. 법무부가 경찰의 수사종결권을 사실상 제한하는 내용을 담은 수사준칙 개정안을 지난달 31일 입법예고한 것은 이를 위한 사전정지 작업으로 봐야 한다.

윤석열 정권은 대체 경찰을 어쩌려는 것일까. 경찰은 어디로 가고 있는가. 그러나 경찰은 역경을 딛고 성장해왔다. 무게중심이 아래에 있다. 튼튼하게 지역과 시민 속에 뿌리박고 있다. 그들은 경찰장악과 무시에 불만을 품고 있다. 그리고 권력을 멀리하고 시민을 가까이할 때 신뢰받는다는 것을 안다. 이제 시민들이 그들을 지켜주어야 한다. 그러면 그들이 우리를 지켜줄 것이다.

〈한겨레신문〉 2023. 8. 3.

국가권력은 국민이 정부에 위임한 것이다. 그러므로 권력은 국민을 위해서 행사되어야 하며 자유롭고 정의로운 사회를 실현하기 위해 존재한다. 그러나 지금의 권력을 공정성과 형평성을 상실했다. 국민의 신뢰를 잃어버렸다. 나는 경찰고위간부출신으로서 윤석열 검사독재에 맞서 싸워 무너뜨리고 정권을 탈환해 오는 선봉장이 될 것임을 다짐한다.

| 에 | 필 | 로 | 그 |

멈추지 않는 도전

생각해 보면 지금까지 내 삶은 성공과 좌절 그리고 도전의 연속이었다. 시골 농부의 아들로 태어나 스스로의 운명을 개척하기 위해 노력해왔다. 경찰대학에 수석합격했으나 만족하지 않고 행정고시에 도전해 합격했다 익숙함과 안온함을 뒤로 하고 넓은 세상을 보기 위해 홍콩과 런던 두 곳에서 경찰영사로 근무했다.

고속승진을 거듭했으나 권력과의 불화로 나이 오십에 청춘을 바친 경찰을 떠나야 했다. 촛불혁명의 격변속에서 반성과 성찰로 시대와 역사에 눈을 뜨고 정치를 결심했다. 대선 승리가 가져다준 온실속의 화초같은 공직의 안온함을 박차고 비바람 몰아치는 광야로 나섰다. 남들이 흔히 가는 편안한 길을 놔두고 남들이 가지 않은 고난의 길을 선택했다. 제2의 노무현이 되고자 지역주의 타파를 위해 나선 도전은 실패했지만 의미있는 길이었나고 확신한다.

그리고 지금 나는 또다른 도전을 위한 출발선에 서 있다. 무엇이 나를 이렇게 쉼없이 새로운 도전을 향해 나아가게 만드는가? 그것은 나에게 꿈이 있기 때문이다.

경찰을 그만두고 온 나라를 주유할 때였다. 아직 국정농단이 불거지기 전이다. 경찰청 모 과장의 전화가 왔다.

"청장님 잘 지내십니까?"

"여기저기 쏘다니며 그럭저럭 지내고 있소"

"조심스러운 이야기입니다만 위에서 도로교통공단 이사장에 공모해 보라고 합니다"

나는 일갈했다.

"○○과장, 자네가 말하는 위가 누구인지 모르겠지만 그대로 전하시오. 나는 이제 박근혜 밑에서는 쌀 한 톨 얻어먹을 생각이 없다고"

도로교통공단은 꽤 큰 공기업이다. 탐내는 전직 간부들도 많았다. 그러나 나는 알량한 밥벌이를 위해 내 꿈을 포기하고 싶은 생각은 없었다. 그리고 나는 큰 꿈을 추구하는 사람은 곁불을 쬐어서는 안된다고 생각해 왔다. 공단은 나에게 곁불이지 꿈은 아닌 것이다. 주위 사람들의 나에 대한 기대도 그와 같았다.

그렇다면 나는 주위의 기대에 부응할 의무가 있는 것이다. 내가 만일 공단에 가게 된다면 사람들은 "아 이상식도 이제는 꿈과 도전을 포기하고 현실에 안주하는 구나"라고 생각할 것이었다. 나는 그것이 너무 싫었다. 현실에 안주해 꿈과 도전을 포기하는 것이야말로 키에르케고르가 말한 죽음에 이르는 병이라고 생각하기 때문이다.

엘리트 경찰간부 시절 나는 부러움과 질시의 대상이었지만 스스로 자제하고 겸손하려고 노력했다. 험지에서 고생하던 시절에는 동정과 안타까움의 대상이었으나 후회하지 않았다. 일개 정치지망생에 불과한 지금은 홀대와 무시가 다반사가 되었다. 그러나 나는 그런 것쯤은 아무렇지도 않다. 그들보다 훨씬 큰 꿈과 포부가 있고 도전할 용기가 있기 때문이며 자부심으로 가득차 있기 때문이다.

이제 나는 혼탁한 시대에 새로운 도전에 나서며 다시 신발끈을 조인다. 더 나은 세상을 꿈꾸는 나의 도전은 결코 멈추지 않을 것이다.

부록

언론 기고문 모음

누구의 '국기문란'인가…
경찰인가, 윤석열 정부인가

〈오마이뉴스〉 2022. 6. 24.

"아주 중대한 국기문란, 아니면 어이없는, 공무원으로서 할 수 없는 과오."
윤석열 대통령이 스스로 논쟁의 중심에 뛰어들었다. 최근 경찰 치안감 인사 번복 논란에 대해 23일 사실상 '경찰 책임론'을 꺼내들며 한 말이다. 자극적인 단어를 사용해 경찰 수뇌부를 강하게 질책했다. 안 그래도 '행정안전부(행안부) 내 경찰국 신설 권고'로 행안부장관의 경찰 통제 기류가 드러나고, 일선 경찰이 공개 반발하고 있는 이 시점에 말이다.

과연 윤 대통령의 말대로 경찰은 국기문란 행위를 했는가. 아니면 윤 대통령은 국기문란이라는 무시무시한 말로 경찰을 겁박하는 또 다른 국기문란 행위를 하고 있는 건가.

심상치 않은 경찰들… "경찰청장은 장관의 부하가 아니다" 댓글도
요즘 경찰 조직이 심상치 않다. 과거 경찰에선 볼 수 없었던 집단반발 행동이 나오고 있다. 경찰서 앞에 검은색 플래카드가 걸리는가 하면, "경찰청장은 장관의 부하가 아니다"라는 댓글도 실명으로 달리고 있다. 일촉즉발의 위기감 같은 것이 경찰에 퍼져나가고 있다. 이 모든 상황은 윤석열 정부의 '경찰 장악 기도'와 이상민 행안부장관의 이례적 행보로부터 촉발됐다.

경찰은 힘이 세졌다. 검찰 수사권 재조정 관련 입법 때문이다. 경찰은 곧 부패와 경제를 제외한 모든 분야에서 배타적 수사권을 갖는다. 15만 조직에 수사권까지 갖췄으니 대한민국 최대의 권력기관으로 불려도 무방하다. 권한이 커진 만큼 통제와 견제도 당연히 필요하다. 핵심은 통제·견제의 방식이 '민주적'이어야 한다는 점이다.

그러나 윤석열 정부와 이상민 행안부장관의 방식은 본말이 전도됐다. 민주적 목적을 달성하기 위해서라면서 비민주적 방식을 채용했다. 우선 행안부장관의 사무에 '치안' 업무를 추가하고 행안부에 이를 실행하기 위한 기구로 '경찰국'을 설치하겠다는 권고안을 실행하겠다고 한다. 제도적인 통제방안인 셈이다. 문제는 이런 시도가 제도의 시곗바늘을 1970년대와 1980년대로 거꾸로 돌린다는 점이다. 시대착오다.

경찰이 오늘날과 같이 행안부에 소속돼 있으면서도 조직운영의 독립성을 유지해 온 데엔 역사적 연원이 있다. 1991년 경찰청 독립은 1986년 부천서 성고문사건과 1987년 박종철 고문치사사건에 대한 반성과, 1987년 6월항쟁과 더불어 봇물처럼 터져나온 경찰 민주화 요구에 따라 이루어진 것이다. 경찰청 독립은 민주화의 의미 있는 진전으로 평가됐다. 그 후 30년이 넘게 경찰은 상위 부처인 내무부와 그 후신인 행안부에 '소속'되기는 했지만, 조직의 독립성을 인정받았다. 정치권력과 거리를 두고자 했던 경찰청 독립의 시대적 흐름이었다.

경찰과 권력은 멀면 멀 수록 좋다

법무부에 검찰국이 있으니 행안부에도 경찰국이 생기는 것이 당연하다고 주장하는 사람들이 있다. 그러나 법무부와 행안부가 다르듯이 경찰과 검찰은 다르다.

막강한 권한과 검사동일체 원칙으로 무장한 검찰은 자기들과 이해관계가 일치할 경우에는 정치권력에 순응해 왔지만 그렇지 않은 경우에는 추미애-윤석열의 대립구도에서 익히 봐왔듯 되레 정치권력을 무력화시키는 힘을 가졌다. '사람에는 충성하지 않는다'는 윤석열 대통령의 과거 발언은 검찰 집단의 지향성과 의지를 그대로 보여준다. 검찰국이라는 장치를 통해 인사와 예산권을 법무부장관이 행사해 오지 않았더라면 검찰이 더 폭주했을 것이라는 데 이견을 달 사람은 많지 않아 보인다.

그에 비해 경찰은 검사에 비해 신분보장이 약하고, 승진경쟁은 훨씬 치열하며, 변호사처럼 퇴직 후 생계수단이 보장되지 않아 정치권력의 외압에 너무 취약한 구조를 가졌다. 또 경찰은 태생적으로 현상유지의 속성이 강하고 상명하복에 익숙한 조직이다. 그러다 보니 자연스럽게 권력과 유착하고자 하는 속성을 지니고 있다. 경찰의 경우엔 통제가 중요한 것이 아니라 권력에 대한 종속과 유착이 훨씬 더 큰 문제가 돼왔다.

정리하면, 검찰은 살아있는 정치 권력 등과 싸우면서 자신의 힘을 유지해왔지만 경찰은 그렇지 못하다. 그래서 검찰국은 검찰의 통제에 기여할 수 있지만, 경찰국은 경찰의 종속을 심화시킬 뿐이다. 경찰의 경우엔 경찰위원회 같은 합의제 형태의 거버넌스를 통해 완충지대를 설정, 정치권력과 거리를 두게 하는 것이 훨씬 중요하다. 윤석열 정부는 이런 흐름에 역행하는 조치를 취하기 때문에 문제다.

그러나... 경찰 인사에 손 대는 행안부장관

윤석열 정부는 인사 문제에 있어선 더욱 노골적인 의도를 드러냈다. 이상민 장관은 최근 치안정감 승진자 6명 전원을 사전에 면접하는 이례적인 행동으로 논란을 자초했다. 경찰 고위간부 승진대상자에 대한 장관의 '줄세우기식 사전 면접'은 경찰 역사에도 없었던 수상한 일이다.

게다가 윤석열 정부는 법적으로 임기가 보장된 국가수사본부장을 제외한 치안정감들을 전원 교체했다. 차기 경찰청장은 윤석열 정부에서 치안정감으로 승진시킨 자기 사람들 중에서 배출할 것임을 분명히 한 것이다. 이런 인사는 윤석열 정부의 경찰조직 운영이 일정한 방향으로 움직일 것이라는 것을 암시한다.

치안감 인사에서는 더 어이없는 일이 발생했다. 불과 몇 시간만에 7명의 치안감에 대한 인사가 번복됐다. 이상민 장관은 경찰에 책임을 돌리고 있고, 윤 대통령도 행안부를 두둔하는 듯하다. 석연치 않다.

누가 대통령 재가도 받지 않은 인사내용을 고의로 공표할 수 있겠는가. 오히려 행안부장관의 인사개입으로 비치는 이례적 행보 때문에 일이 벌어졌을 가능성이 크다.

이러한 판단은 행안부장관 치안정책관으로 근무한 내 경험에 근거한다. 일반적으로 행안부장관은 경찰청장과 청와대가 협의한 인사내용에 대해 일종의 '경유' 절차만 거칠 뿐이었다. 그만큼 역대 행안부장관들은 경찰 인사 개입을 자제해왔다. 그것은 경찰의 독립성을 인정한다는, 하나의 불문율 같은 전통이었다. 그러나 지금 이상민 장관은 다르다.

반지성주의

이러한 사실을 모를 리 없는 이 장관이 논란과 반발을 초래하면서까지 굳이 경찰을 권력 까이 끌어당기고 손아귀에 쥐려는 의도를 묻지 않을 수 없다. 그리고 이러한 일들이 장관 개인의 독자적 판단으로 이뤄지고 있는지도 의문이다.

한동훈 법무부장관을 통해 검찰을 장악했으니 이제 이상민 행안부장관을 통해 경찰을 장악하겠다는 건가. 양대 권력기관으로 하여금 본격적인 정치수사, 보복수사에 나서도록 판을 설계하려는 건가.

이와중에 대통령의 입에서 나온 단어가 "국기문란"이다. 인사 발표의 번복을 두고 무서운 단어를 사용해 공권력을 겁박, 정부의 의도대로 움직이게 만든다는 비판이 가능하다. 그렇다면 국기문란은 경찰이 아니라 정부가 한 것에 가깝다. 이 정부 들어 국정원 1급 부서장 전원이 대기발령났다고 한다. 윤석열 정부의 '권력기관 길들이기 행태'가 하나하나 드러나고 있는 셈이다.

윤석열 대통령은 경찰의 중립성·독립성을 제대로 보장하기 위해 노력해야 한다. 지금처럼 힘을 과시하며 경찰을 겁박하고 호통 치는 것은 본인 취임사 때 민주주의 위기의 원인으로 꼽은 '반지성주의' 아닌가.

기어코 '좌 검찰 우 경찰'…
윤석열 정부 속도전이 위험한 이유

〈오마이뉴스〉 2022. 7. 25.

사상 초유의 전국 경찰서장(총경) 회의가 지난 23일 열렸다. 현장에 모인 사람은 50여 명이었지만 화상으로 참석까지 포함하면 200명에 달했다. 회의에 참석 못한 총경들은 무궁화 화분을 보내 지지 의사를 표했다. 전국 총경급 간부 600여 명 중 절반 이상이 동참했다. 대단히 이례적인 일이다.

후폭풍도 이례적이다. 경찰 지휘부는 이번 서장회의를 주도한 류삼영 울산 중부 경찰서장에 '대기발령' 조치했고, 대통령실과 여당은 "부적절하다"는 입장을 공개 표명했다. 그러자 이젠 7월 30일 경찰 팀장(경감·경위) 회의가 예고됐다. 경찰 움직임의 확산이다.

검사들이 자신들과 관련한 이슈가 생길 때마다 평검사 회의나 부장검사 회의 같은 것을 열어온 것에 비하면 경찰의 단체행동은 그간 거의 전무했다. 경찰 수뇌부에선 이번 서장회의 참석을 만류하고 강력 경고했다고 한다. 이쯤 되면 뜻을 접는 것이 지금까지의 경찰 조직문화였다. 그런데 이번엔 달랐다. 전국 총경이 모였다. 고위 간부가, 그것도 이렇게 많은 숫자가 한꺼번에 집단적으로 움직인 일은 경찰 역사에 없었다.

사실 경찰을 향한 정권 차원의 외압·개입이 어제오늘 일은 아니다. 멀리 갈 것도 없이 최근 사례만 보더라도 이명박 정부 당시 댓글조작으로 조현오 전 경찰청장이 구속됐고, 박근혜 정부 때는 총선 개입 문건 작성으로 강신명 전 경찰청장이 구속됐다. 아직도 재판을 받는 경찰 고위 간부만 하더라도 10여 명이 넘는다.

이러한 사례에도 역대 정권에선 정도의 차이는 있지만 경찰을 정치에 끌어들이는 것에 대해 조심하고 자제하는 분위기가 있었다. 필자가 행정안전부 치안정책관으로 근무할 때만 하더라도, 당시 정치인 출신 행정안전부장관은 경찰의 사기와 복지 같은 문제에 더 관심을 가졌다. 인사나 수사에 대한 개입은 자제하고 조심했던 것으로 기억한다. 성숙해진 시민의식과 함께 경찰위원회 등 외부의 견제·통제도 역할을 해왔다고 볼 수 있다.

역사적·시대적 과정을 거치면서 경찰 내·외부의 여건도 많이 달라졌다. 경찰에 투신하려는 젊은이들이 많아지고 구성원들의 수준이 많이 향상됐다. 독립성·중립성을 향한 경찰 내부의 열망은 그 어느 때보다 높아졌다. 수사권 조정이 이뤄지면서 경찰의 자부심은 한껏 고무됐고 경찰에 대한 사회적 평가 또한 많이 개선됐다.

그러나 윤석열 정부가 들어서면서 모든 것이 달라졌다. 윤 대통령은 경찰이 겪어온 이런 시대적·역사적 연원을 도외시했다. 정치적 개입을 자제했고 조심했던 역대 정부와는 완전히 태도를 달리해 공공연하고 분명하게 경찰 장악의 의도를 대내외에 천명한 것이다.

먼저 '행정안전부 내 경찰국'이라는 구시대적 유물을 부활시켜 행안부장관의 경찰 장악의 제도적 수단을 마련했다. 전임 정부 치안정감 전원을 퇴직시키고 나선 이상민 행안부장관이 직접 나서서 개별 면담을 통해 치안정감들을 승진시켰다. 그중에서 경찰청장을 뽑아 길들이기와 줄 세우기를 하는 고도의 정치적 편향을 보였다. 지난 18일 이상민 장관은 중대 사안에 대한 수사 지휘를 "당연히 해야 한다"는 입장까지 표했다.

윤석열 정부가 경찰의 반발을 초래해가면서까지 '행안부 내 경찰국'이라는 강수를 두는 건 무엇 때문인가. 한동훈 법무부장관을 통해 검찰을 확실히 정리한 윤 정부는 이제 경찰마저 장악해 '좌 검찰 우 경찰'의 그림을 완성하고 나서 그들이 제일 잘하는 '수사'라는 칼을 휘두르려는 것이라고 본다. 수사 대상은 전임 정부와 야당 인사가 될 가능성이 크다.

보수적이고 현상 유지의 성격이 강한 경찰 집단은 윤석열 정부의 이 같은 조치에 반대하며 집단적 움직임에 나섰다. 경찰의 꽃이라는 총경들이 권력에 밉보이는 불이익을 감수한 까닭은 무엇인가. 나는 '정치적 중립에 대한 열망과 충정' 때문이라고 생각한다.

1991년 경찰이 내무부 치안본부에서 경찰청으로 독립한 것은 부천서 성고문 사건, 박종철 · 이한열 열사 사망사건에 대한 성찰과 반성에서 출발해 1987년 민주화 항쟁의 결과로 이뤄진 소중한 결실이었다. 이후 역대 정권들은 경찰을 도구로 활용하고 싶은 유혹도 있었을 것이고, 실제 도구로 활용한 경우가 있었다.

하지만 적어도 윤석열 정부처럼 대놓고 공공연하게 경찰을 향한 종속과 굴복을 강요하진 않았다. 게다가 지난 6월 윤 대통령은 치안감 인사 번복 사태로 논란이 커지자 '국기문란'이라는 무시무시한 말로 경찰을 직접 겁박까지 했다.

민주화 이후 경찰의 중립성·독립성이 외형적으로나마 존중되면서 경찰은 그나마 정치적 시비에서 벗어나 법 집행기관으로서의 역할을 할 수 있게 됐다고 본다. 필자는 그 결과 우리나라가 세계적으로도 높은 치안 수준을 자랑하는 나라가 됐다고 생각한다. 이 과정에서 경찰은 정치를 가까이 하지 않고, 국민에게 봉사하는 것이 그들의 가장 중요한 존립기반임을 깨달았다. 경찰의 이런 의지는 아랑곳하지 않고 다시 정치에 종속시키려는 윤석열 정부의 시도는 당연히 반발을 부를 수밖에 없다.

경찰 지휘부는 류삼영 총경 대기발령에 이어 회의 참석자들에 대한 감찰조사에 나서는 등 강경한 자세를 취하고 있다. 필자는 지금껏 검사회의에 참석한 검사를 '감찰'하고 '대기발령'하고 '징계하려 한다'는 말을 들어본 적이 없다. 주말에 소속 조직의 중대사에 대해 논의하는 것이 왜 대기발령되고 감찰조사 받는 이유가 된다는 말인가. 검사는 되고 경찰은 안된다는 식의 발상은 윤석열 정부의 존립기반이 오로지 검찰임을 말해주는 것이고 오만과 독선을 드러내는 것이라고 본다. 검찰이 하면 로맨스고 경찰이 하면 불륜, '검로경불'인가.

경찰의 반발에도 윤석열 정부는 경찰국 설치에 속도를 내고 있다. 행안부는 경찰국 신설안 등의 입법예고 기간을 통상 40일에서 4일로 대폭 줄였다(7월 16~19일). 지난 21일엔 차관회의에서 관련 시행령안을 통과시켰고, 26일 국무회의만을 남겨두고 있다. 경찰국 신설 시행령안 등이 국무회의서 통과되면 오는 8월 2일부터 시행될 것으로 보인다.

이 과정은 중립성을 표명하는 법 집행기관을 힘으로 찍어 눌러 무릎 꿇리는 것과 같다. 권력은 견제와 균형으로 빛을 발하는 도구다. 그러나 윤석열 정부는 정반대로 권력을 휘두르고 있다. 대체 이 과신과 오만과 독선의 결말은 어디로 향할까.

'재난대응 주무 장관' 이상민, 물난리 때는 뭘 했나?

〈한겨레신문〉 2022. 8. 11.

기록적인 폭우로 아까운 인명·재산피해가 속출하고 수도권 주민들이 큰 고통과 불편을 겪었다. 115년 만의 폭우라고 한다. 평생 겪어 보지 못한 큰 재난을 하루 밤새 겪었던 셈이다. 이 와중에 정부와 윤석열 대통령이 국민의 생명과 재산보호를 위해 제 역할을 다 했는지를 두고 논란이 많다.

우선 윤 대통령은 기록적인 폭우로 극심한 피해와 혼란이 예상되는 데도 일과가 끝나자마자 서초동 집으로 퇴근해버렸다. 상황이 악화하여 다시 집무실로 가려고 하였으나 강남 일대의 폭우로 길이 막혀 밤늦게까지 유선으로 지시했다고 한다. 딱한 변명이다. 마땅히 집무실에서 대기하면서 지휘했어야 마땅하다. 이런 대통령의 인식과 자세는 정부 차원의 대응 미숙과 혼란으로 이어지면서 참사 수준의 피해를 낳았다.

대통령이야 그의 말대로 처음 해보는 대통령인지라 몰라서 그랬다고 치자. 참모들은 대체 무엇을 하고 있었나. 이 대목에서 특히 비판받아 마땅한 사람이 있다. 바로 재난대응 주무장관인 이상민 행정안전부 장관이다. 그는 아무런 존재감을 보여주지 못했다. 언론 보도를 보면, 그는 폭우가 시작되자 상황지휘를 위해 세종시로 내려가려고 했다고 한다. 서울에는 재난지휘 통제시설이 없기 때문이었다고 한다. 청와대에는 시설이 있었지만 개방해 버린 이후이고 대체 시설은 아직 준비되지 않았기 때문이다. 그러다 다시 방향을 바꿔 밤늦게 총리주관 상황점검 회의에 참석했다고 한다. 보도가 사실이라면, 길거리에서 허둥대며 소중한 시간을 흘려보낸 것이다.

중앙재해대책본부장으로서 행안부 장관의 역할은 막중하다. 한마디로 전국의 모든 유관기관을 지휘하는 재난의 컨트롤타워다. 이를 뒷받침하기 위해 행정안전부에는 차관이 본부장인 재난안전본부가 설치돼 있고 행정안전부 장관의 직무 내용에도 재난대응 업무가 명시돼 있다. 또 재난안전본부는 경찰청처럼 독립된 외청이 아니라 행안부 장관 보조기관이다. 이는 재난대응의 최종적 책임은 다른 사람이 아닌 행안부 장관에게 있다는 뜻이다.

이런 막중한 책임을 고려할 때 이번 사태에 임하는 이상민 장관의 기본적인 태도와 역량을 문제삼지 않을 수 없다. 재난대응에는 평상시 준비가 중요하다. 청와대 개방으로 중앙차원의 재난 대비시스템이 공백 상태라면 주무장관으로서 당연히 대체 수단을 강구했었어야 한다. 국민의 생명과 재산보호보다 중요한 정부의 임무가 어디 있는가. 회의할 장소를 찾기 위해 세종시로 향하려 했다는 장관을 보고 실소를 금할 수 없다. 그가 평소에 재난 대응 기본계획을 한번이라도 살펴보고 관심 가졌다면, 이런 생초보 같은 판단은 내리지 않았을 것이다.

재난주무 장관이 이 모양이니 대통령 이하 윤석열 정부의 재난대응이 총체적 난국을 보인 것은 당연하다고 볼 수도 있다. 대통령은 침수가 진행되는 것을 뻔히 보고도 퇴근해서 다시 출근하지도 않았고 오세훈 서울시장도 퇴근했다 밤늦은 시각 뒤늦게 복귀했다. 마포구청장은 에스엔에스(SNS)에 먹방 사진을 올려 빈축을 샀다. 불난 집에 기름 붓는 격으로 강승규 시민사회수석은 "비가 온다고 퇴근 못하나. 대통령이 컨트롤 안해서 어떤 사고가 생겼나"는 역대급 망언을 했다. 시민들로서는 억장이 무너지는 일이 아닐 수 없다.

정부 차원의 이런 총체적인 혼란과 뒷북 그리고 안일의 중심에는 중앙재난대책본부장 이상민 장관의 소극적 태도와 미숙함이 있다. 하긴 이미 발생한 사건에 대한 사후 판결에 종사해온 판사 출신인 그가 현재진행형인 대규모 재난 사태에 허둥대는 것은 어쩌면 별로 이상한 일도 아니다. 게다가 온통 엉뚱한 일에 정신이 팔려있었으니 비 좀 온다고 해서 신경 쓸 틈이나 있었겠나 싶다.

유독 이상민 장관에 대한 비난이 가중되는 것은 장관 직무에 임하는 그의 이중적 자세 때문이다. 그는 장관의 핵심 업무로 정부조직법에 명시된 재난대응에는 아무런 관심을 가지지 않고 사실상 방기하다시피 해 결과적으로는 엄청난 피해로 이어졌다. 그의 이런 자세는 이른바 경찰 장악을 위해 바친 그의 엄청난 충성, 헌신(?)과는 크게 대비된다.

그는 검찰과 경찰을 장악해 전 정권과 야권 유력인사에 대한 수사를 지지율 회복의 동력으로 삼으려는 윤석열 대통령의 뜻을 뒷받침하고자 온갖 비난과 반발에 아랑곳하지 않고 경찰국 설치를 추진하고 관철해 냈다. 이 과정에서 경찰관들의 사기가 전례 없이 저하되고 엄청난 분노가 표출되었음에도 그는 흔들리지 않았다. 오히려 "쿠데타"같이 경찰관들을 자극하는 말들을 쏟아내는 결기를 보이기도 했다.

그가 '좌 검찰 우 경찰'의 큰 그림을 가진 윤 대통령에게 충성하기 위해 바친 에너지와 시간을 재난대응에 조금이라도 더 할애했더라면, 그래서 재난대응시스템을 정비하고 숙지해서 일사불란하게 대응했더라면, 몇명의 인명이라도 더 구하고 수천만 국민의 고통과 불편을 조금이라도 덜 수 있었지 않았을까 하는 것은 나만의 생각일까.

경찰을 권력의 도구로 삼으려는 대통령에게는 그렇게 충성하면서도 정작 장관의 핵심 업무로 명백하게 규정된 국민의 생명과 안전 보호에는 실패한 이상민 장관을 어찌해야 할 것인가.

경기남부청 수사를 주목하는 이유:
경찰 중립의 시금석

〈기호일보〉 2022. 8. 17.

경기남부경찰청에 세간의 이목이 집중된다. 이재명 의원의 배우자 김혜경 여사의 법인카드 관련 사건에 대한 결론이 임박했기 때문이다. 남구준 국가수사본부장이 최근 이 사건에 대해 8월 중 결론을 내릴 예정이라고 시사한 데 이어 사건 수사의 마지막 수순으로 볼 만한 김혜경 여사의 출석도 조만간 예정됐다. 머지않아 경찰은 수사 결과를 발표하리라 보인다.

경찰의 수사 결과는 형사사건 기소 시 당원권 정지를 가능케 한 더불어민주당 당헌·당규와 맞물려 경우에 따라 엄청난 후폭풍을 초래할 가능성이 높다. 여야도 결론에 따른 각자의 유불리를 계산하고 치열한 공방전을 전개하리라 예상되기에 경찰을 둘러싼 논란은 어떤 경우에도 불가피해 보인다. 좀 더 장기적인 차원에서 볼 때 해당 사건은 경찰국 설치 등 경찰을 통제하고 견제하려는 움직임이 커지는 상황에서, 향후 경찰의 중립성과 독립성의 확보 여부를 가늠할 만한 중대한 계기가 될 전망이다.

그러나 현실은 그리 녹록지 않다. 안팎으로 편향된 결정을 내릴지도 모른다는 우려가 점증한다. 우선 내부적으로는 일부 잘못된 경찰관들의 섣부른 의욕이 염려된다. 경찰이 이만한 관심을 받는 사건을 담당하기 힘들다. 자신의 출세에 유리한 방향으로 이 사건을 처리할 가능성은 분명히 존재한다. 대선이 끝나자마자 누가 시키기도 전에 발 빠르게 사건 수사에 착수한 경찰 아니었나. 실제로 경찰 고위직 인사에서 이재명 후보 관련 사건에 대한 적극적 수사를 인정받아 고위직으로 승진한 경찰간부가 있다는 이야기도 들린다.

유·무형의 외압 가능성은 더 큰 걱정거리다. 이상민 행정안전부 장관은 숱한 내외의 반발에도 불구하고 경찰 통제의 명목으로 경찰국 설치를 관철했다. 이 과정에서 '쿠데타' 같은 과격한 표현으로 경찰관들의 반발을 사더니 급기야는 '중요 사건 수사 지휘'를 언급하는 등 장관의 직무에도 포함되지 않은 '수사' 업무에 대한 의지도 피력했다. 가뜩이나 치안정감 승진자 전원에 대한 개별 면접으로 줄 세우기와 편 가르기 같은 고도의 정치적 편향성을 보인 그의 행보로 볼 때 외압 가능성이 없다고 누가 감히 단언하겠는가.

윤석열 정부의 쌍두마차인 한동훈과 이상민을 통해 '左검찰 右경찰'의 큰 그림을 완성한 윤석열 정부의 강력한 의지와 함께 매사에 '법대로'를 외치는 법치주의도 일선 경찰에게는 일정한 방향성으로 수사하라는 사인으로 읽힐까 염려스럽다.

이 모든 상황에도 불구하고 경찰이 사는 길은 좌고우면하지 않고 실체적 진실과 경찰관의 양심에 따라 결론을 도출하는 일뿐이다. 실체적 진실은 형사사법의 절대적 가치다. 120군데를 넘는 압수수색은 좀 과하기는 하지만 실체적 진실 발견을 위한 노력이었다면 이해함직하다. 그러나 증거와 팩트에 근거하지 않은 주관적 판단은 금물이다. '의심스러울 때는 피고인의 이익으로' 같은 근대형사사법의 정신도 고려해야 할 중요한 요소다. 형사사법의 최초 단계인 경찰의 예단은 검찰과 법원에까지 영향을 미친다는 점을 명심해야 한다. 이 점은 앞으로 있을 다른 사건의 수사에 있어서도 마찬가지다.

경기남부경찰청은 전국 치안 수요의 4분의 1을 담당하는 명실상부한 대한민국 경찰의 중심이다. 경찰 전체에서 차지하는 경기남부경찰청의 존재감도 날로 커지는 상황이다. 1천만 도민의 치안을 책임진 경기남부경찰청의 명예와 경찰의 백년대계가 기로에 섰다.

이상민에게 어른거리는
우병우의 그림자

〈한겨레신문〉 2022. 12. 23.

우병우를 기억하는가. 박근혜 정부에서 국정농단이 있을 당시 그는 청와대 민정수석비서관이었다. 권력을 감시하고 민심을 살펴야 할 그는 오히려 국정농단을 방조하고 불법사찰을 자행한 혐의로 비난의 대상이 됐다. 국정농단 가능성을 제기한 '정윤회 문건'을 뭉개는가 하면 이석수 특별감찰관을 국기문란사범으로 몰고 간 배후로 지목된 이가 바로 우병우였다. 이 특별감찰관 불법사찰로 징역 1년형을 선고받은 것을 제외하고는 대부분 법원에서 무죄판결이 내려졌지만, 그에 대한 세간의 평가는 여전히 좋지 않다.

2016년 당시에도 우병우에 대한 사퇴 압박은 거셌다. 여당 지도부와 보수언론까지 합세해 사퇴를 압박하는 와중에서도 그는 끄떡하지 않았다. 의혹제기 시점인 7월께부터 최순실게이트가 터져 청와대 보좌진들이 일괄 사퇴한 10·28까지 무려 넉달 동안 자리를 버텼다. 박근혜 대통령의 절대적인 신임이 배경이었음은 물론이다.

박근혜 대통령의 탄핵과 뒤이은 보수의 몰락을 우병우 문제 하나로 온전히 설명할 수는 없다. 그러나 들불 같은 사퇴 요구 민심을 무시한 정권의 오만과 불통이 중요한 원인을 제공했다는 데에는 의문의 여지가 없다.

158명의 생떼 같은 목숨을 앗아간 이태원 참사가 발생한 지도 두달 가까이 흘렀다. 총리조차도 '그날 국가는 없었다'라고 시인할 정도로 대한민국의 안전시스템은 총체적으로 실패했다. 그런데도 지금까지 아무도 책임지는 사람이 없다. 경찰 특수본 수사가 진행 중이지만 윗선으로는 한발짝도 나가지 못하고 있다.

법적 책임보다 더 중요한 것은 정치적·도의적 책임이다. 그리고 그 한복판에 이상민 행정안전부 장관이 있다. 중앙재난안전대책본부장이라는 국민의 생명과 안전을 책임지는 상징적 지위에 있으며, 이번 참사에 가장 책임이 큰 경찰과 소방도 그의 관할 아래에 있는 소속기관들이다. 게다가 부적절한 언행으로 유족과 국민의 공분을 샀다. 오죽했으면 유족협의회까지 나서서 콕 찍어 '이상민을 해임하라'고 요구했겠는가. 여당 당권주자인 안철수와 유승민도 이상민 장관 사퇴를 공개적으로 요구하고 나서지 않았던가.

그래도 윤 대통령은 요지부동이다. 두번이나 이상민 장관의 어깨를 두드리는 모습을 연출해 변함없는 신임을 보여줬다. 국회의 해임건의안에는 거부 의사를 분명히 했다. 진상규명이 우선이라는 말만 앵무새처럼 반복하고 있다.

나는 그런 이상민에게서 어른거리는 우병우의 그림자를 본다.

우병우와 이상민은 여러 점에서 유사하다. 정부여당에 대형 악재인 사건에서 정치적·도의적 책임의 중심에 서 있다. 우병우는 불법과 비리 의혹이, 이상민은 무능과 실패가 책임의 이유이다. 그러나 국가를 통치하는 데에는 불법이나 무능이나 죄악이기는 마찬가지다. 그리고 이상민은 국가 전체의 무능과 실패에 콕 집어 책임져야 할 바로 그 당사자다. 국민과 여론이 강하게 사퇴를 요구한다는 것도 똑같다. 여론조사에서는 65%가 이상민 장관 사퇴를 요구하는 것으로 나타났다.

이렇듯 진즉 물러났어야 할 인사지만, 윤석열 대통령은 끝까지 그를 감싸고 있다. 이는 정권의 불통과 오만을 적나라하게 드러내고, 국민의 실망과 분노를 증폭시킬 뿐이다. 박근혜 대통령도 그랬다. 그래서 그 끝은 어떻게 됐나? 윤석열 대통령은 이상민에게 어른거리는 우병우의 그림자를 어떻게 지워낼 것인가.

신임 국가수사본부장에게
경찰 명운이 달렸다

〈한겨레신문〉 2023. 3. 30

우종수 신임 국가수사본부장이 29일 취임했다. 정순신 내정자가 아들의 학교폭력 문제로 국민의 공분을 사 물러난 지 한 달 만이다. 국가수사본부는 3만여 수사경찰관으로 구성된 국내 최대 수사기관이다. 수사권 조정으로 영장청구를 제외하고는 수사의 모든 영역에서 독자적 수사가 가능해졌다. 내년부터는 대공수사권까지 이양받게 된다. 국수본부장은 경찰청장보다 한 계급 낮은 치안정감이지만 수사에 관한 한 18개 시도지방경찰청장을 지휘할 수 있는 막강한 자리다.

정순신에게 아들의 학교폭력을 둘러싼 치명적 결함이 있었음에도 대통령이 임명을 강행하려 했던 것은 국수본부장이 그만큼 중요한 자리기에 믿을 만한 측근을 보내고 싶었기 때문일 것이다. 이상민 행정안전부 장관이 경찰국을 신설해 제도적 통제 수단은 확보했지만 부족하다고 본 것이다. 아예 검사 출신을 국수본부장으로 보내 '좌 검찰, 우 경찰'의 양대 통치 수단을 완성할 계획이었다. 그러나 분노한 민심에 놀라 이틀 만에 임명을 취소했고 이번에는 내부 인사를 발탁하지 않을 수 없었다.

내가 아는 우 본부장은 반듯한 사람이다. 그러나 그가 정권과 권력으로부터의 외압과 회유를 버텨낼 수 있을지는 모르겠다. 경찰국 설치에 반대하는 총경들을 없는 자리를 만들어내면서까지 대거 좌천시키고 노골적인 '영남 우대, 호남 홀대' 인사를 아무렇지도 않게 해치운 경찰의 전력이 있기 때문이다. 그렇게 해서라도 손아귀에 넣고 싶은 것이 경찰 수사권인 것이다.

그러나 정권은 유한하고 역사는 유구하다. 우 본부장은 눈앞의 영달보다는 긴 호흡으로 멀리 봐야 한다. 경찰의 미래, 무엇보다 경찰의 존재 이유인 국민을 생각해야 할 것이다.

우종수 본부장의 첫 번째 과제는 외압을 막아내고 공정한 수사가 이루어질 수 있도록 수사 경찰을 지휘하는 것이다. 정권이 바뀐 뒤 경찰은 재빠르게 코드를 맞췄다. 김혜경 씨의 '법인카드 유용 의혹' 사건을 대형 권력형 비리 수사하듯 129곳이나 압수수색했지만 쥐꼬리만 한 수사결과를 내놓았을 뿐이다. 이미 불송치 처분한 성남에프시(FC) 사건을 수사부서까지 바꿔가면서까지 재수사해 결론을 바꿔 송치했다. 이에 비해 여론이 비등했던 김건희 여사 관련 사건에 대해서는 한 차례 소환이나 압수수색도 없이 모조리 혐의없음으로 불송치했다. 편파 수사의 끝판을 보여준 것이다.

지금 경찰이 수사 중인 정권 관련 사건은 대통령실 이전 천공 개입 의혹, 김건희 주가조작 관련 명예훼손, 청담동 심야 술자리 의혹, 통계청 통계조작 의혹 등이 있다. 경찰이 수사할 정권 관련 사건들은 계속 증가할 것으로 예상한다. 좌고우면하면서 정권의 눈치를 보지 말고 오로지 공정의 잣대에만 의지해 수사해야 한다. 힘들고 외롭겠지만 조직의 백년대계를 위한다는 각오와 신념을 가진다면 불가능한 일도 아니다.

두 번째 과제는 수사 경찰 인력증원과 처우개선이다. 수사권 조정으로 조직 전체의 자부심은 높아졌다. 그러나 정작 당사자인 수사경찰관들의 사기 저하는 심각한 수준이라고 한다. 경찰이 책임지고 수사를 종결해야 하므로 업무량은 폭증했지만, 수사 인력은 그대로이고 처우도 나아진 게 없으니 사기가 저하되는 것은 당연한 일이다. 유능한 수사관들은 수사부서를 떠나 편한 부서로 옮기고 그 자리를 경험 없는 신참들이 대신하다 보니 수사에 대한 신뢰도가 저하되고 처리 기한도 늦어지는 악순환에 빠지게 되는 것이다.

일단 수사 인력을 늘려야 한다. 경찰은 아직도 집회·시위에 대비한 경비부대에 너무 많은 인력을 배치하고 있다. 불법 폭력시위가 대폭 줄어든 마당에 경비부대를 과감히 줄여 수사부서로 인력을 전환해야 한다. 추가 증원도 필요하다면 해야 한다. 격무를 사명감으로 버티던 시대는 지났다. 합당한 인센티브(혜택)를 제공해야 한다. 그래야 유능한 수사관들이 몰리고 수사의 질이 높아져 국민에게 제대로 된 수사서비스를 제공할 수 있다.

국수본이 경찰 전체의 명운을 짊어지는 시대가 됐다. 본부장의 중립성을 보장하기 위해 2년 임기를 보장하고 권력 줄서기를 막기 위해 경찰청장으로의 승진은 불가능하도록 했다. 승진을 위해 권력을 쳐다보지 않아도 되니 마음먹기 따라 소신 있는 행보가 가능하도록 장치를 마련해 놓은 것이다. 신임 국수본부장에게 위기와 기회가 동시에 기다리고 있다. 어느 쪽을 선택할 것인지는 오로지 본인에게 달려 있다.

용인 반도체클러스터 성공 위해
생각해야 할 문제들

〈경인일보〉 2023. 5. 2.

삼성전자가 향후 20년간 300조원을 투자해 용인에 세계 최대 규모의 반도체 생산기지를 건설한다. 700조원의 직간접 생산 유발 효과와 160만명의 고용 창출이 예상되는, 그야말로 건국 이래 최대 규모의 단일 투자 계획이다. 이미 추진 중인 120조원 규모의 SK하이닉스 반도체 단지와 함께 용인은 이제 실리콘 밸리와 경쟁하는 세계 최고의 반도체 클러스터이자 미래전략산업의 중심지가 되는 것이다.

생색은 정부가 내고 있지만, 투자 주체는 삼성이다. 미증유의 초대형 투자사업인 만큼 한번 방향이 잘못 설정되면 되돌리기 어렵다. 사업의 초기 단계부터 지역사회에서 적극적으로 관심을 가져야 하는 이유다. 용인 반도체 클러스터의 성공을 위해 다음 몇 가지 사항들이 고려되었으면 한다.

첫째는 속도다. 하루가 다르게 변화하는 반도체 전쟁에서 승리하기 위해선 빠른 속도가 관건이다. 그럼에도 하이닉스가 4년 전 반도체 공장 부지로 낙점한 용인 원삼 일대에 여전히 흙먼지만 날리고 있는 까닭은 주민들의 반발도 있었겠지만 무엇보다 각종 인허가 절차에 발목이 잡혔기 때문이다. 이 점을 감안한듯 정부에서는 이동과 남사의 해당 지역을 '국가산업단지'로 지정해 한국토지주택공사

(LH) 등 중앙 공기업에 직접 부지확보와 단지 조성을 맡길 계획이라고 한다. LH가 직접 나서면 지방 산단으로 조성하는 하이닉스보다 조금 더 속도를 낼 것 같기는 하다. 그러나 전력과 용수 공급 등 수반되는 문제가 한 두 가지가 아니다. 국토교통부, 산업자원부, 경기도, 용인시, 삼성 등 관계기관을 망라한 추진협의체를 구성해 협업과 소통으로 빠르게 문제를 풀어나가야 한다.

둘째, 반도체 특성화 대학에 대한 지원이 대폭 강화되어야 한다. 300조원 투자의 결과가 단순한 반도체 생산기지에 머물지 않고 첨단산업 교육과 연구개발까지 연계되는 명실상부 첨단 미래전략산업단지가 되려면 그 중심에 대학이 있어야 한다. 그래야 교육·연구개발·제조의 협업에서 생기는 시너지효과를 낼 수 있다. 우리나라는 올해부터 오는 2026년까지 4년 동안 반도체 특성화 대학 지원 사업으로 8개 대학에 연간 540억원씩 지원할 계획이지만 부족하다. 클러스터 근접 대학에 반도체 학과 증설을 허용하고 지원액도 대폭 늘려야 한다.

셋째, 교통·교육·의료·문화 인프라를 미리부터 차근차근 조성해 나가야 한다. 거대한 반도체 단지와 주변 시설이 들어설 경우 예상되는 교통 수요를 감당할 수 있도록 간지선 도로의 확충을 서둘러야 한다. 답보상태에 있는 경기도 광주~용인~안성 구간의 경강선 전철을 하루빨리 신설해야 한다. 경기도교육청과 용인교육지원청은 우수한 초·중·고교 건립을 지금부터 준비해야 한다. 대형 의료기관 유치, 문화·체육시설 확충도 미리부터 계획해 나가야 한다. 이런 조건이 충족되어야 판교와 같은 정주형 첨단산업도시가 될 수 있다.

넷째, 윤석열 대통령과 이창양 산업자원부 장관은 용인 반도체 클러스터에 일본 반도체 소부장(소재·부품·장비) 기업을 대거 유치하겠다는 의사를 표명한 바 있다. 잘못된 생각이다. 일본의 배신으로 큰 고통을 겪은 상황에서 국내 소부장 업체를 육성할 생각을 하지 않고 일본 기업에게 자리를 내주는 것은 국내 기업의 이익이나 국민 정서에 부합하지 않는다. 반도체 클러스터의 핵심인 소부장 업체가 일본 기업이 아닌 국내 기업 위주로 육성되도록 적극적인 지원 정책이 마련되어야 한다.

다섯째, 삼성이 발표한 투자계획이 로드맵에 따라 집행될 수 있도록 촉구하고 감시하는 역할을 지속적으로 수행해야 한다. 삼성전자는 대기업으로서 지난해 통과된 '국가 첨단전략산업 경쟁력 강화법'에 따라 정부와 지자체로부터 대규모 부지를 개발할 수 있는 각종 인허가를 부여받았다. 사실상 '대기업 특혜'에 다름 없다. 특혜를 받은 만큼 책임도 증가한다. 종종 대기업이 약속한 투자계획을 제대로 이행하지 않는 사례가 발생하고 있는데 삼성도 예외는 아니다. 따라서 약속대로 투자가 이행될 수 있도록 지역사회가 관심을 가져야 한다. 삼성, SK, 용인시, 경기도와 지역 시민사회단체를 망라하는 협의 기구를 만드는 것도 좋은 방안이라고 본다.

아동학대인가
교권추락인가?

〈경기신문〉 2023. 7. 31.

한 초등학교 교사의 안타까움 죽음에 대한 애도의 분위기가 채 가시기도 전에 유명 웹툰 작가 부부가 자폐 스펙트럼을 가진 아들이 다니는 학교의 특수교사를 아동학대 혐의로 고소한 건이 알려져 다시 뜨거운 논란이 일고 있다.

이들은 자신들의 웹툰 작품을 통해 자폐 스펙트럼을 가지고 있던 아이에 대한 주위의 시선에 괴로워하는 모습을 보여주면서 자폐증 아이 교육이 매우 힘든 일이라는 것을 보여준 바 있다. 그런데 정작 자폐증이 있는 자신의 아이를 가르치던 교사에 대해서는 몰래 녹음된 대화를 증거로 경찰에 고소하는 이율배반적인 태도를 보여 비판의 대상이 되고 있다.

지난 2021년 화성시에서는 어린이집 원장이 자살한 사건이 발생했다. 아동학대를 했다는 글이 맘카페에 올라왔고 5천건이 넘는 비난댓글이 달리자 스스로 극단적 선택을 한 것으로 보인다. 그러나 사실관계가 명확히 밝혀지지 않았고 아동을 학대할 사람이 아니라는 탄원도 이어지는 것으로 전해져 안타까움을 더했다.

경기도에서 발생한 두 사건의 공통점은 '아동학대'와 '교권추락'이다. 전반적인 문제의 원인을 찾고 해결책을 모색하는 것은 다양한 사회적 논의와 합의가 필요할 것이다. 그러나 '아동학대'와 관련된 법적·제도적 문제들은 당장 관심을 가지고 해결에 나서야 한다. 그래야 더 이상의 불필요한 갈등과 안타까운 희생을 막을 수 있을 것이다.

첫째 교사의 정당한 교육활동에 대한 면책규정과 아동학대 판정을 위한 심사 위원회 제도의 도입을 건의한다.

지금 아동학대의 범위는 '아동의 복지와 잠정적 발달을 위협하는 행동'으로 지나치게 넓게 규정되어 있다. 2021년 경기도 내 아동학대 신고접수는 13,578건인데 이중 75%가 넘는 10,207건이 아동학대로 판정되었다. 이들 사건 중 검찰이 기소하는 비율은 1.6%에 불과하다고 한다. 그런데도 일단 아동학대로 판정되면 교사는 담임배제·직위해제·정직 등 심각한 불이익을 입게 된다.

아동학대처벌법이 시행된 2014년부터 지금까지만 9,910명의 아동학대 가해 교사들이 보건복지부 전산시스템에 등록·관리되고 있다고 한다. 이러니 학생들이 무슨 짓을 해도 교사는 학생에 대한 제대로 된 교육적 조치를 취할 수 없게 되는 것이다. 그러므로 교사의 정당한 교육활동을 아동학대로 보지 않는다는 예외규정의 신설이 반드시 필요하다.

아동 학대 판정과정에서 교육당국이 배제되어 있는 것도 문제이다. 사안 발생시 교육당국·경찰·시민 단체 등이 참여하는 아동학대 심사위원회(가칭)을 구성해 폭넓은 의견과 다양한 시각으로 아동학대 여부를 신중하게 판정하는 것도 필요하다고 본다.

둘째 공정하면서도 유연한 초기 경찰 대응이 긴요하다.

어린이집 원장들은 경찰관들이 어떻게 대응하느냐에 따라 아동학대에 대한 처리가 천양지차를 보인다고 한다. 지난 5월 용인의 한 학부모가 경찰서에 '아이에게 녹음기를 딸려보내 교사와의 대화 내용을 녹음해도 되는가' 하는 문의에 경찰관이 '영유아의 보호를 위해서라면 가능하다. 다만 제 3자의 대화가 녹음되어 있으면 증거채택은 곤란할 것'이라고 답변한 내용이 맘카페에 퍼지면서 큰 파장이 있었다고 한다. 또 경찰에서 송치한 사건이 검찰에서는 불기소로 끝나거나 법원에서 무죄가 된 사례도 빈번히 발생하고 있다.

반면에 신고를 받고 출동한 경찰관이 CCTV 등 증거를 보고 큰 문제가 없다고 판단해 학부모와 교사 간 소통을 주선하고 합의를 이끌어내면서 무리 없이 종결시킨 경우도 많다고 한다. 공정하고도 유연한 법집행을 위한 부단한 교육과 소통이 필요하다고 본다.

셋째 아동학대 증거수집을 위한 동의 없는 녹음은 자제되어야 마땅하다.

원칙적으로 타인 간의 대화를 녹음하는 것은 거의 예외 없이 처벌하거나 증거능력을 인정하지 않는 것이 대법원의 입장이었다. 그런데 최근 하급심에서 증거능력을 인정한 판례가 생기고 있다.

그러나 아이들이 등교를 거부하거나 하는 이상 반응을 보인다면 일단 교사와 상담부터 할 일이지 몰래 녹음할 일은 아니다. 일부 학부모들의 이러한 사려 깊지 못한 행동은 전체 교육 현장에 영향을 미쳐 결국은 그 피해가 전체 아이들에게 돌아갈 것이다. 서로 의심하는 가운데 사랑이 넘치는 교육이 제대로 이루어질

리 없기 때문이다. 위법성논란·증거능력 여부는 차치하고 아이에게 녹음기를 들려 등교시킨다면 얼마나 살벌한 풍경인가.

교권이 보호되지 않는다면 교육백년지대계는 공염불이 될 것이 자명하다. 교사 사회가 건강해야 우리 아이들을 건강하게 키울 수 있다. 선생님들의 죽음이 헛되지 않도록 지금이라도 재발 방지대책을 세우고 실천해야 한다.

'법조 카르텔'에는 침묵하는
윤 대통령의 공정과 상식

〈경향신문〉 2023. 8. 16.

윤석열 정부가 전가의 보도처럼 휘두르는 것이 바로 '카르텔과의 전쟁'이다. 지난달 초 신임 차관들에게는 "이권 카르텔과 싸워달라"고 강조했다. 문재인 정부의 태양광 정책을 '이권 카르텔'로 규정하는가 하면 대학수학능력시험(수능) '킬러 문항'이 논란이 되자 사교육을 '카르텔'이라며 공격했다. 아파트 부실시공에 대해서도 "국민 안전을 도외시한 이권 카르텔은 반드시 깨부수어야 한다"고 말했다. 노조·시민단체 등 대척점에 있다고 판단되는 집단에는 여지없이 '카르텔' 딱지가 붙었다.

가장 중요한 국정 메시지를 내는 8·15 광복절 경축사에서도 '카르텔 척결'을 강조했다. 윤 대통령은 왜 자꾸 카르텔을 들고나오는 걸까. 카르텔이 특권과 횡포를 상징하므로 이것을 응징하자는 메시지에 사람들이 공감할 것으로 판단하기 때문이다. 그러나 다양한 현상을 '카르텔'이라는 악으로 단순화시키는 것도 잘못이지만 더 근본적인 문제는 약자에게는 강하게 나오면서 정작 '거악'에 대해선 침묵한다는 점이다.

며칠 전 박영수 전 특별검사가 구속됐다. '대장동 50억 클럽' 수사에 의지를 보이지 않던 검찰이 특검 추진이 예상되자 마지못해 수사한 지 한참 만이다. 첫 번째 영장은 19억 물증에도 불구하고 '다툼의 여지가 있다'며 기각됐다.

이번 구속수사는 그간의 미진한 검찰수사와 관대한 법원의 태도에 악화된 국민여론을 감안한 측면이 강해 보인다. 아들이 50억원을 수수한 곽상도 전 국민의힘 의원에 대한 1심 무죄 선고는 더 기가 막힌다. 아들에게 50억원이라는 엄청난 거액을 왜 줬겠나. 아버지의 영향력 때문이라는 걸 삼척동자도 다 알겠건만 법원은 '둘은 경제공동체가 아니다'라는 속 뒤집는 판결을 내놨다. 박영수와 곽상도의 상식을 넘어서는 막대한 경제적 이득 그리고 식구였던 이들을 싸고도는 검찰과 법원의 한통속 연합이야말로 카르텔이 아니면 무엇이란 말인가.

법조 카르텔은 우리나라에서 가장 막강한 카르텔이다. 인신 구속이 가장 큰 권력이기 때문이다. 독점적 영장청구권을 헌법으로 보장받는 검찰, 인신 구속을 결정할 수 있는 법원, 이 둘 사이를 연결하는 변호사들로 구성된 법조 카르텔이 우리나라 모든 카르텔의 정점에 서는 것은 당연한 이치이다.

이들이 누리는 경제적 이득은 또 어떤가. 50억 클럽 말고도 항간에는 법조 고위직 출신 변호사가 바둑을 두면서 전화 한 통으로 수억원을 벌었다는 이야기가 전설처럼 회자된다.

이참에 50억 클럽과 연관된 법조 카르텔을 제대로 수사하면 세상을 뒤흔든 대장동의 몸통도 드러날 것으로 보인다. 대장동이 어떤 사건인가. 대통령 선거의 결과까지 바꾸었을 만큼 엄청난 사건이었다. 서로 몸통이라고 주장하면서 국민을 호도했다. 분명한 것은 337차례에 걸쳐 압수수색을 당한 이재명 더불어민주당 대표는 뚜렷한 물증이 나오지 않았는 데 비해 50억 클럽에 대해서는 손을 대기만 하면 비리가 터져 나온다는 사실이다.

곽상도·박영수가 전부일까. 후배 검사들이 벌써 2년 가까운 시간을 벌어줬다. 시간이 지날수록 증거는 은폐되고 진실은 사라질 것이다. 그러나 이걸로 끝은 아닐 것으로 믿는다.

그런데 이쯤되면 윤 대통령이 나서서 한 말씀 하셔야 하지 않는가. 입만 열면 카르텔 척결을 외쳤던 윤 대통령이 왜 꿀먹은 벙어리처럼 아무 말도 안 하는지 궁금하다. 자신이 법조의 일원이었기 때문인가. 만만한 사람들에 대해서는 불호령을 내리면서 자기편이거나 센 사람들이라고 해서 침묵한다면 누가 공정과 상식을 믿겠는가.